Ven y ve los hospitales y orfanatos levantarse al lado de las ruinas del humanismo y el ateísmo.

Ven y ve lo que Cristo ha hecho.

¿De Nazaret puede salir algo de bueno?

Ven y ve. Ven y ve las vidas cambiadas.

el alcohólico ahora sobrio,
los amargado ahora alegres,
el avergonzado ahora perdonado.

Ven y ve los matrimonios reconstruidos, los huérfanos abrazados, los presos inspirados.

Visita a las selvas y escucha los tambores retumbar en alabanza.

Pasa de encubierto por las esquinas del comunismo y encuentra creyentes adorando bajo amenaza de muerte.

Camina por el corredor de la muerte y presencia al condenado por el hombre, sin embargo, liberado por Dios.

¿De Nazaret puede salir algo de bueno?

Ven y ve la mano horadada de Dios tocar el corazón más común, limpiar la lágrima del rostro arrugado y perdonar el pecado más feo.

Ven y ve. Él no evade a ningún solicitante. No ignora ninguna investigación. No teme a la búsqueda. Ven y ve. Natanael vino y Natanael vio. Y Natanael descubrió. «Rabí, tú eres el Hijo de Dios, tú eres el Rey de Israel».

MAX LUCADO

EL REGALO

PARA TODAS LAS PERSONAS

Reflexiones sobre la gran gracia de Dios

www.EditorialNivelUno.com

Para vivir la Palabra

Para vivir la Palabra

Originalmente publicado en inglés con el título:
The Gift for All People by Max Lucado
Copyright © 1999 by Max Lucado
Publicado por *Multnomah Books*
un sello de *The Crown Publishing Group*
una división de Penguin Random House LLC
12265 Oracle Boulevard, Suite 200
Colorado Springs, Colorado 80921 USA
Published in association with the literary agency of The Fedd Agency, Inc.
P.O. Box 341973, Austin, TX 78734

International rights contracted through Gospel Literature International
P.O. Box 4060, Ontario, California 91761 USA

Esta traducción es publicada por acuerdo con
Multnomah Books, un sello de The Crown Publishing Group,
una división de Penguin Random House LLC

Edición en español © 2016 Editorial Nivel Uno, una división de Grupo Nivel Uno, Inc.

Publicado por:
Editorial Nivel Uno, Inc.

 3838 Crestwood Circle
Weston, Fl 33331
www.editorialniveluno.com

ISBN: 978-1-941538-27-2

Desarrollo editorial: *Grupo Nivel Uno, Inc.*
Diseño interior: *Grupo Nivel Uno, Inc.*
Diseño de portada: *Dogo Creativo*

Impreso en USA

16 17 18 19 20 VP 9 8 7 6 5 4 3 2

*Dedicado a todos los
misioneros del mundo.*

Fue acusado de un crimen que nunca cometió. Se contrataron testigos para que mintieran. El jurado fue manipulado. Un juez influido por la política dictó la pena de muerte.

Lo mataron.

¿Y por qué? Por el don que solo él podía dar.

Él que era perfecto, dio ese record perfecto por nosotros, y nuestro record imperfecto le fue dado a él. Jesús era «inocente, pero sufrió por los malos, para llevarlos a ustedes a Dios» (1 Pedro 3:18, DHH). Como resultado, la santidad de Dios es honrada y sus hijos son perdonados.

Cuán hermosos son los pies de los que…
anuncian buenas nuevas.

ROMANOS 10:15, RVR1960

CONTENIDO

Prólogo   11

EL REGALO DE UN SALVADOR
Comenzó en un pesebre   21
Un día para decir adiós   23
Dios en carne   27
Salvador compasivo   29
Jesús sabe cómo te sientes   33
Fe observada, fe bendecida   37
El gran intercambio   41
Los ojos en el Salvador   45
Ven y ve   49

RESCATE POR LOS PECADORES
Camino al Calvario   53
La niebla de un corazón partío   55
Compañero en el plan   59
Él te vio   63
El silencio del cielo   65
A cualquier precio   69

¿LO CORRECTO O LO JUSTO?

Con el corazón partío... por ti   73

«¡Todo ha terminado!»   75

Gracia abundante   79

Promesas misericordiosas   81

Perdón y paz   83

Gracia que sostiene   85

Gracia significa...   89

Con la toalla y la palangana   93

Adopción del corazón   95

La fuente de mi fortaleza   97

LA ELECCIÓN

El Dios que invita   103

Deja la luz del porche prendida   107

¿Demasiado bueno para ser verdad?   109

¿Quién va a elegir?   113

Perseguido por Dios   115

Una demostración de devoción   119

Tus brazos de Abba   123

El destino de Dios para tu vida   125

Referencias   135

Notas   138

Prólogo

«Un futuro brillante», expresión que lo dice todo. Soltero, bien parecido, graduado recientemente de la universidad. Su familia lo amaba, las chicas se fijaban en él, las oportunidades profesionales lo asediaban.

Sin embargo, aunque aparentaba confianza, Eric estaba atormentado en su interior. Abrumado por voces interiores que no podía acallar. Torturado por las imágenes mentales que no podía evitar y por pensamientos que no podía comprender. Así, desesperado por escapar del tormento, Eric decidió escapar de la vida. En un día gris y lluvioso de febrero, salió por la puerta trasera de su casa. Eric nunca regresó.

Cuando salió, alguien estaba observando. Su hermana Debbie vio a su hermano irse, su alta figura deambulaba por la calle. Ella supuso que él regresaría. No lo hizo. Esperó que él llamara. No lo hizo. Pensó que podría encontrarlo. Pero no pudo. Las horas se convirtieron en años. Años de vagar y de preguntarse. Mientras Eric vagaba, Debbie se preguntaba. ¿En dónde podrá estar? ¿Qué le pudo haber ocurrido? ¿Estará bien? ¿Estará vivo?

A dónde fue Eric, solo Dios y Eric lo saben. Pero sabemos que terminó a miles de kilómetros de su casa. Y en algún lugar a lo largo de su trayectoria, de alguna manera, Eric comenzó a creer que le habían asignado una tarea. Alguien vio a Eric revisando un contenedor de basura en busca de comida. Y ese alguien le sugirió que barriera a cambio de la basura. Eric interpretó ese comentario como una misión: creyó que le habían dado la comisión permanente de limpiar la orilla de una carretera en San Antonio, Texas.

A los residentes de la zona, la figura desgarbada y el rostro barbudo de Eric se les hizo familiar mientras recolectaba basura recorriendo su sección «asignada» de la Interestatal 10. A través de los años, muchos trataron de ayudarlo, pero Eric se resistió. Estaba contento con sobrevivir con lo que recogía. Hizo un hogar de un agujero en un terreno baldío. Diseñó un vestuario de pantalones rotos y una camiseta andrajosa. Al sol de verano lo bloqueaba con un sombrero viejo, al frío del invierno reducía con una bolsa de plástico que cubría sus hombros.

Su piel curtida y sus hombros encorvados lo hacían lucir el doble de sus cuarenta y cuatro años. Pero, eso es lo que hace en uno el vivir dieciséis años a orillas de la carretera.

Transcurrieron dieciséis años desde la última vez que Debbie vio a su hermano. Y pudo no haberlo visto nunca más, si no hubiera sido por dos acontecimientos. El primero fue la construcción de una agencia de venta de autos en la parte superior de la casucha de Eric. El segundo era un dolor en el abdomen de Eric. La agencia de autos despojó a Eric de su refugio. El dolor le arrebató la salud.

Cuando el servicio médico de emergencias encontró a Eric hecho un ovillo al borde de la carretera, estaba muriéndose de cáncer. Unos meses más y Eric se habría ido. Sin familia ni parientes conocidos, moriría como había vivido, solo.

El tutor temporal de Eric designado por el tribunal no podía apartar cierta idea de su pensamiento. *Seguramente alguien está buscando a este hombre*, razonó el abogado. Por lo que buscó en Internet a cualquier persona a quien se le hubiera extraviado un familiar adulto de cabello castaño con el apellido de Eric.

Una mujer de Nueva Hampshire respondió. ¿Podría ese indigente en Texas ser el hermano que había estado buscando por tanto tiempo? La descripción parecía coincidir, pero tenía que saberlo con seguridad. Así que, Debbie, su marido y sus dos hijos se dirigieron a Texas.

Cuando Debbie llegó, Eric había sido dado de alta. Debbie lo encontró cerca de su antiguo hogar, descansando apoyado en la pared de un edificio. Una mirada bastó para convencerse: la búsqueda había terminado. Ella vio más allá de la piel tostada por el sol, bajo aquel cabello y aquella barba descuidada. Vio a su hermano.

Eric, sin embargo, no reconoció a su hermana. Los años habían devastado su mente. Debbie anhelaba abrazar a ese hermano perdido hacía mucho tiempo, pero su instinto le dijo que debía esperar una señal.

Y entonces algo pequeño mostró el camino. Eric notó un prendedor en forma de ángel que Debbie llevaba. Le intrigó. Cuando Debbie le ofreció el prendedor, Eric le dijo que sí. E incluso le permitió que se lo pusiera en su camisa. Y con ese gesto, por fin, tocó a su hermano.

Debbie fue a Texas planeando estar una semana. Pero pasó la semana y no pudo irse. Alquiló un apartamento, comenzó a educar a sus hijos en el hogar y a tratar de conquistar a su hermano. No fue fácil. Casi nunca la reconocía. No la llamaba por su nombre. Un día la maldijo. Se negaba a dormir en su apartamento. No quería su comida. No quería hablar. Solo quería su terreno baldío. Quería su «trabajo».

Pero Debbie no se rindió con Eric. Las semanas se convirtieron en meses y la hermana todavía estaba allí. Ella entendió que él no entendía. Así que se quedó. Llegué a conocerla cuando comenzó a asistir a nuestra iglesia. Después de escuchar su historia, le pregunté lo mismo que usted hubiera preguntado. ¿Por qué? ¿Por qué no se dio por vencida? «Simple», me dijo. «Es mi hermano».

Su búsqueda nos recuerda otra, ¿no es así? Otro buen corazón que dejó su hogar en busca de los confundidos. Otra alma compasiva que no podía soportar la idea de un hermano sufriendo. Así que, como Debbie, dejó el hogar. Al igual que Debbie, encontró a su hermano.

Y cuando Dios nos encontró, nosotros actuamos como Eric. No reconocimos al que vino a ayudarnos.

Cuando nos dijo que éramos parte de su familia, no le creímos. Cuando ofreció un lugar seguro donde quedarnos, no le seguimos. No le hicimos caso. Algunos incluso le maldijeron y le dijeron que se fuera. Pero él no se fue. Se quedó. Y todavía persiste. Él entiende que no entendemos. Él sabe que estamos divididos por muchas voces e infectados por un pecado canceroso. Él sabe que estamos cerca de la muerte. Pero no quiere que muramos solos.

Al igual que Debbie, él nos quiere dar algo antes de que sea demasiado tarde. Él quiere darnos un lugar en su familia. Y quiere sostener nuestra mano cuando muramos.

Así que Dios nos sigue. Nos persigue a lo largo de cada borde de la carretera; nos sigue por todas las carreteras. Nos sigue todos los días de nuestras vidas.

«Ciertamente el bien y la misericordia me seguirán todos los días de mi vida, y en la casa de Jehová moraré por largos días».
—SALMOS 23:6, RVR1960

Qué sorprendente manera de describir a Dios. Un Dios que nos persigue.

¿Nos atrevemos a visualizar a un Dios activo, que se mueve, que nos persigue, nos rastrea, siguiéndonos con bondad y misericordia todos los días de nuestras vidas? Él no es difícil de hallar. Se encuentra en la Escritura, en busca de Adán y de Eva. Ellos están ocultos entre los arbustos, en parte para cubrir sus cuerpos, en parte para cubrir su pecado. ¿Espera Dios que ellos vengan a él? No, las palabras resuenan en el jardín. «¿Dónde estás?», pregunta Dios (Génesis 3:9, RVR1960), comenzando su búsqueda para rescatar el corazón del hombre. Un intento por seguir a sus hijos hasta que estos lo sigan a él.

Moisés puede decirte algo al respecto. Después de cuarenta años en el desierto, miró por encima del hombro y vio una zarza ardiente. Dios lo había seguido al desierto.

Jonás puede decirte algo al respecto. Él era un fugitivo a bordo de un bote cuando miró por encima del hombro y vio nubes que se estaban formando. Dios lo había perseguido hasta el océano.

Los discípulos de Jesús conocían la sensación de ser seguidos por Dios. Estaban empapados por la lluvia y temblando cuando miraron por encima del hombro y vieron a Jesús caminando. Dios los había seguido en la tormenta.

Una mujer samaritana sin nombre conoció el mismo sentimiento. Sola en la vida y sola en el pozo, ella miró por encima del hombro y vio un Mesías hablando. Dios la había seguido a través de su dolor.

El apóstol Juan, desterrado en Patmos, miró por encima del hombro y vio los cielos comenzar a abrirse. Dios lo había seguido hasta su exilio.

Lázaro había estado muerto durante tres días en una tumba sellada cuando una voz lo despertó. Levantó la cabeza y miró por encima del hombro para ver a Jesús. Dios lo había seguido hasta la muerte.

El apóstol Pedro había negado a su Señor y había retornado a la pesca cuando escuchó su nombre y miró por encima del hombro para ver a Jesús preparar el desayuno. Dios lo había seguido a pesar de su fracaso.

Pecado, desierto, océano, tormenta, dolor, exilio, muerte, nuestro Dios es el Dios que sigue. ¿Has sentido que te sigue? Él es el que vino a buscar y a salvar a los perdidos. ¿Has sentido que te busca?

¿Has sentido su presencia a través de la bondad de un desconocido? ¿A través de la majestuosidad de una puesta de sol o del misterio de un romance? ¿A través de la pregunta de un niño o el compromiso de un cónyuge? ¿Lo has sentido a través de una palabra pronunciada o de una caricia en el momento oportuno?

Al igual que Eric, hemos dejado el hogar. Pero, como Debbie, Dios nos ha seguido. Así como Eric, somos rápidos para darle la espalda. Pero, como Debbie, Dios es lento para la ira y está decidido a quedarse. No aceptamos los dones de Dios. Sin embargo, Dios todavía nos los da.

Dios se entrega a sí mismo a nosotros. Aun cuando elegimos nuestra casucha por encima de su hogar y nuestra basura por encima de su gracia, todavía nos sigue. Nunca nos obliga. Nunca nos deja. Con paciencia persistente. Fielmente presente. Él utiliza todo su poder para convencernos de que es lo que es y que se puede confiar en él para llevarnos a casa.

Por cierto, la fiel persistencia de Debbie movió el corazón de Eric. Antes de que su vida terminara, él la reconoció como su hermana. Al hacerlo, encontró su camino a casa.

Y eso es lo que Dios quiere para ti. Simplemente, que estés en casa con él. Y para llevarte a casa, te ofrece un regalo.

Mi oración es que, a través de estas páginas, veas el regalo de Dios como nunca lo has visto.

Si ya lo has aceptado, le darás las gracias de nuevo.

Y si nunca lo has aceptado, lo harás ahora. Porque es el regalo para toda la vida, un obsequio para toda persona.

EL REGALO DE UN SALVADOR

Y aquel Verbo fue hecho carne, y habitó entre nosotros…
En el mundo estaba, y el mundo por él fue hecho;
pero el mundo no le conoció…
Mas a todos los que le recibieron,
a los que creen en su nombre,
les dio potestad de ser hechos hijos de Dios…
Porque de su plenitud tomamos todos,
y gracia sobre gracia.

JUAN 1:14, 10, 12, 16, RVR1960

Estaba a punto de comenzar, el plan de Dios para la humanidad, elaborado en los salones del cielo y concretado en las llanuras de la tierra. Solo la santidad podría haberlo imaginado. Solo la divinidad podría haberlo promulgado. Solo la justicia podría haberlo soportado. Y una vez que comenzó el plan, no habría vuelta atrás. El Creador lo sabía. El Hijo lo sabía. Y pronto, la tierra misma presenciaría la majestad de los cielos posarse sobre el planeta.

Jesús de Jesús, en su lucha inmediata como participe de una cruzada plan mayor. Vivió el conflicto en Getsemaní como un... importante, pero seguía en el gran movimiento del drama de Dios.

Por lo ventos... acercadas... esperándose una oración acercada. "Dijo Jesús... la ausencia de Dios. Jesús vio el plan divino. Note en especial el versículo 53: ¿No sabes que ya puedo pedirle ayuda a mi Padre? Que de inmediato me enviaría todo un ejército de ángeles para defenderme? (v. 53)

Jesús vio lo que importaba. Él vio a su Padre. Él vio la presencia de su Padre en el problema.

Comenzó en
un pesebre

*T*odo sucedió en un momento excepcional… un momento como ningún otro. Porque en ese segmento de tiempo ocurrió algo espectacular.

Dios se hizo hombre. La divinidad llegó. El cielo se abrió y colocó lo más preciado por él en un vientre humano.

El omnipotente, en un instante, se hizo carne y sangre. El que era más grande que el universo se hizo un embrión microscópico. Y el que sostiene al mundo con una palabra escogió depender del cuidado de una joven.

Dios se había acercado.

Él vino, no como un destello de luz ni como un conquistador inaccesible, sino como uno cuyos primeros gritos fueron escuchados por una campesina y un carpintero somnoliento. María y José eran cualquier cosa menos de la realeza. Sin embargo, el cielo confió su mayor tesoro a esos sencillos padres. Comenzó en un pesebre, en ese momento trascendental en el tiempo. Él se veía como cualquier cosa menos como rey. Su rostro, arrugado y rojo. Su grito, aún era el grito impotente y penetrante de un bebé dependiente.

Majestad en medio de lo mundano. Santidad entre la suciedad del estiércol ovejuno y el sudor humano. Ese bebé había supervisado al universo. Esos trapos que lo mantenían tibio eran las ropas de la eternidad. Su dorado salón del trono había sido abandonado en favor de un sucio corral de ovejas. Y los ángeles adoradores habían sido reemplazados con pastores amables pero desconcertados.

Curiosa, esa sala del trono real. No hay tapices cubriendo las ventanas. No hay prendas de terciopelo sobre los cortesanos. Ni cetro de oro ni corona brillante. Curiosos, los sonidos en el atrio. Vacas comiendo, cascos crujiendo, una madre tarareando, un bebé lactante.

La historia del rey podría haber comenzado en cualquier lugar. Pero, curiosamente, comenzó en un pesebre. Entra por la puerta, mira por la ventana. ¡Él está aquí!

Un día para
decir adiós

*E*ra el tiempo para que Jesús se fuera. El taller de carpintería había sido su hogar, su refugio. Él había venido a decir adiós, a oler el aserrín y la madera una vez más.

La vida era tranquila aquí. La vida era tan segura. Él había pasado aquí incontables horas de alegría. Había jugado en ese piso de arena cuando niño mientras su padre trabajaba. Aquí José le había enseñado cómo agarrar un martillo. Y en esta mesa de trabajo había construido su primera silla.

Fue aquí que sus manos humanas le dieron forma a la madera que sus manos divinas habían creado. Y fue aquí que su cuerpo maduró mientras su espíritu esperaba el momento oportuno, el día correcto.

Y, ahora, ese día había llegado.

Me pregunto si querría quedarse.

Me pregunto porque sé que él ya había leído el último capítulo. Él sabía que los pies que iban a salir de la sombra segura de la carpintería no descansarían hasta que fueran perforados y colocados sobre una cruz romana.

Como sabes, él no tenía que ir. Tenía una opción. Pudo haberse quedado. Podía haber ignorado el llamado o por lo menos haberlo pospuesto. Y si hubiese decidido quedarse, ¿quién se habría dado cuenta? ¿Quién lo hubiera culpado?

Él podía haber vuelto como hombre en otra época cuando la sociedad no fuera tan volátil, cuando la religión no estuviera tan viciada, cuando la gente escuchara mejor.

Él podía haber vuelto cuando las cruces estuvieran pasadas de moda.

Pero su corazón no se lo permitió. Si hubo vacilación por parte de su humanidad, esta fue superada por la compasión de su divinidad. Su divinidad oyó las voces. Su divinidad escuchó los gritos desesperados de los pobres, las amargas acusaciones de los abandonados, la desesperación pendiente de los que están tratando de salvarse a sí mismos.

Y su divinidad vio los rostros. Algunos arrugados. Algunos llorando. Algunos ocultos tras los velos. Algunos oscurecidos por el temor. Algunos serios con la búsqueda. Algunos inexpresivos con el aburrimiento. Él los vio a todos, desde el rostro de Adán hasta el del bebé nacido en algún lugar del mundo, en un lapso como este en que lees estas palabras.

Y puedes estar seguro de una cosa. Entre las voces que encontraron su camino para entrar en ese taller de carpintería en Nazaret estaba tu voz. Tus oraciones silenciosas pronunciadas en almohadas manchadas por lágrimas se escucharon antes de que fueran dichas. Tus preguntas más profundas sobre la muerte y la eternidad fueron respondidas antes de ser hechas. Y tu necesidad más extrema, tu necesidad de un Salvador, fue satisfecha antes de que pecaras.

Y no solo te oyó, te vio. Él vio tu rostro brillar la hora en que lo conociste por primera vez. Vio tu rostro avergonzado la primera vez que caíste. El mismo rostro que te miró de vuelta desde el espejo esta mañana, lo miró a él. Y eso fue suficiente para matarlo.

Él se fue por ti.

Él puso de lado su seguridad y su martillo. Colgó la tranquilidad en la clavija con el delantal con clavos. Cerró las persianas de la ventana a la luz del sol de su juventud y cerró la puerta a la comodidad y a la facilidad de mantener el anonimato.

Como podría soportar tus pecados más fácilmente que lo que podría soportar la idea de tu desesperación, eligió salir.

No era fácil. Pero era amor.

Pero cuando Dios volteó su cabeza, eso fue más de lo que podía soportar.

Dios mío. El gemido se elevó desde los labios resecos. El corazón santo esta roto. El Portador de pecados a la mente desnuda, en la soledad eterna. Desde el cielo a tinieblas vienen las palabras emitidas por todos los que caminan en el desierto de la soledad. «¿Por qué? ¿Por qué me abandonaste?»

No puedo entenderlo. Sinceramente, no puedo. ¿Por qué lo hiciste Jesús? Ah, ya sé, lo sé. He oído las respuestas ofrecidas. ¿Para satisfacer la antigua ley? ¿Para cumplir la profecía? Esas respuestas son correctas, no son. Revelan algo más aquí. Algo más conmovedor. Algo absoluto. Algo personal.

¿Qué es?

Es posible que su corazón se haya roto por aquellas personas que alrededor sus ojos descentrados hacia el odio. Ese odio y llaman el mismo «Por qué» sería que su corazón estaba roto por los que caminan. Podría ser que el deseo de Todas sobre si, el dolor de ellos, lo llevara a la cruz, si hubiera podido, no habría él corrido hacia la cruz en nombre de todo El dolor del mundo?

Me lo imagino, inclinándose cerca de los que sufren. Me lo imagino escuchándolos. Me imagino sus ojos húmedos y una mano bondadosa secándose una lágrima. Y a ese Jesús puedo que no ofrezca ninguna respuesta, a pesar de que puede que no tenga. A lo mejor duerme, siendo puede que la preguntase que se echo a perder en el aire, aunque que también estuvo una vez solo puede ser.

Dios en carne

$\mathcal{D}$ios eligió revelarse a sí mismo a través de un cuerpo humano. La lengua que llamó a los muertos era la de un humano. La mano que tocó al leproso tenía sucio bajo sus uñas. Los pies sobre los cuales la mujer lloró estaban callosos y polvorientos. Y sus lágrimas… ah, no pases por alto las lágrimas… provenían de un corazón tan roto que ni el tuyo ni el mío jamás han estado así.

Por lo que la gente acudía a él. ¡Cómo se le acercaban! Llegaban por la noche; lo tocaban mientras caminaba por la calle; lo seguían alrededor del mar; lo invitaban a sus hogares y colocaban a sus hijos ante sus pies. ¿Por qué? Porque se negó a ser una estatua en una catedral o un sacerdote en un púlpito elevado. Prefirió ser un Jesús tangible, accesible, alcanzable.

No hay ni un indicio de que alguna persona hubiese tenido miedo de acercarse a él. Hubo los que se burlaron de él. Hubo quienes lo envidiaban. Hubo quienes lo malentendieron. Hubo quienes lo reverenciaron.

Pero no hubo ninguna persona que lo considerara demasiado santo, demasiado divino ni demasiado celestial como para tocarlo. No hubo ni un solo individuo que estuviera reacio a acercarse él por miedo a ser rechazado.

Salvador compasivo

Eran como ovejas que no tenían pastor;
y comenzó a enseñarles muchas cosas.

MARCOS 6:34, RVR1960

Y saliendo Jesús, vio una gran multitud,
y tuvo compasión de ellos, y sanó a los que de ellos
estaban enfermos.

MATEO 14:14, RVR1960

*Q*ué bueno es que esos versículos no los escribieron acerca de mí. Es bueno que miles de personas no dependieran de que Max les enseñara y les alimentara. Sobre todo en un día en el que me acabo de enterar que murió un querido amigo mío. Especialmente en un día en que quería estar solo con mis amigos. Sobre todo después de montarme en una barca para escapar de las multitudes. De haber estado yo en las sandalias de Jesús en esa playa de Betsaida, los versículos referidos leerían algo como:

Eran como ovejas que no tenían pastor. Así que Max les dijo que dejaran de pastar en su prado y se fueran de vuelta a sus rediles.

Cuando Max vio una gran multitud, murmuró algo acerca de lo difícil que era conseguir un día libre y pidió por radio un helicóptero. Entonces él y los discípulos se escaparon a un refugio privado.

Es bueno que no fuera yo el responsable de aquellas personas. No habría estado de humor para enseñarles ni para ayudarles. No hubiera tenido siquiera deseo de estar con ellos.

Pero, mientras más lo pienso, creo que Jesús tampoco deseaba estar con ellos. Después de todo, los dejó, ¿verdad? Él tenía toda la intención de alejarse y estar a solas. Entonces, ¿qué pasó? ¿Por qué no les dijo que se fueran? ¿Qué le hizo cambiar de idea y pasar el día con la gente que estaba tratando de evitar?

¿Respuesta?

«Tuvo *compasión* de ellos».
—MATEO 14:14, RVR1960

La palabra griega que significa «compasión» es *splanchnizomai*, que no va a significar mucho para ti a menos que seas profesional de la salud y hayas estudiado «esplacnología» en la escuela. Si es así, recuerdas que «esplacnología» es el estudio de las partes viscerales. O, en la jerga contemporánea, un estudio de las entrañas.

Cuando Mateo escribe que Jesús tuvo compasión del pueblo, él no se está refiriendo a que Jesús sintió una compasión casual hacia ellos. No, el término es mucho más gráfico. Mateo está diciendo que Jesús sentía el dolor de ellos en sus entrañas:

- Sentía la cojera del lisiado.
- Sentía el dolor de los enfermos.
- Sentía la soledad del leproso.
- Sentía la vergüenza del pecado.

Y una vez que sentía las heridas de ellos, no podía hacer otra cosa más que sanarlas. Las necesidades de ellos le alteraban el estómago. Lo afectaban tanto las necesidades del pueblo que se olvidaba de las propias. Se conmovía tanto por las heridas del pueblo que ponía las de él en un segundo plano. Cuando Jesús llegó a Betsaida, estaba triste, cansado y ansioso por estar solo con los discípulos. Nadie lo habría culpado si hubiese despedido a la gente por segunda vez. Nadie lo habría criticado si les hubiera dicho adiós a las personas. Pero no lo hizo. Más tarde lo haría. Más tarde exigiría que se fueran y buscaría la soledad.

Pero no antes de que sanara «a los que de ellos estaban enfermos» (Mateo 14:14, RVR1960) y les enseñara «muchas cosas» (Marcos 6:34, RVR1960). El yo fue olvidado y otros fueron atendidos por el compasivo Salvador.

Jesús sabe cómo te sientes

Jesús sabe cómo te sientes. ¿Estás presionado en el trabajo? Jesús sabe cómo te sientes. ¿Tienes que hacer más de lo que es humanamente posible? Él también hizo eso. ¿Requiere la gente más de lo que te da? Jesús entiende eso. ¿No te escuchan tus adolescentes? Tus estudiantes, ¿no lo intentan? Jesús sabe cómo te sientes.

Eres precioso para él. Tan precioso que vino a ser como tú para que acudieras a él.

Cuando luchas, él te escucha. Cuando anhelas, te responde. Cuando preguntas, te oye. Él ha estado ahí.

Al igual que el pequeño de la historia que sigue, Jesús te ve con un corazón compasivo. Él sabe que eres especial…

Un niño entró en una tienda de mascotas, en busca de un cachorro. El dueño de la tienda le mostró una camada en una caja. El niño miró a los cachorros. Tomó a cada uno, los examinó y los colocó de nuevo en la caja.

Después de varios minutos, se dirigió de nuevo al propietario y le dijo: «Elegí uno. ¿Cuánto me costará?»

El hombre le dio el precio y el niño prometió regresar en pocos días con el dinero. «No tomes demasiado tiempo», le advirtió el dueño. «Los cachorros como estos se venden muy rápido».

El muchacho se volteó y sonrió a sabiendas. «Eso no me preocupa», dijo. «El mío todavía estará aquí».

El muchacho se fue a trabajar, deshierbando, lavando ventanas, limpiando patios. Trabajó duro y ahorró su dinero. Cuando tuvo lo suficiente para el cachorro, regresó a la tienda.

Así que se dirigió al mostrador en el que puso un puñado de billetes arrugados. El dueño de la tienda ordenó y contó el dinero en efectivo. Después de verificar la cantidad, le sonrió al niño y le dijo: «Muy bien, hijo, puedes ir a buscar tu cachorro».

El niño metió la mano en la parte posterior de la caja, sacó un perro flaco con una pierna coja y se dispuso a salir.

El propietario lo detuvo.

«No tomes ese cachorro», le objetó. «Está tullido. No puede jugar. Nunca podrá correr contigo. No puede buscar cosas. Agarra uno de los que están sanos».

«No, gracias, señor», respondió el muchacho. «Este es exactamente el tipo de perro que he estado buscando».

Al volverse el niño para salir, el dueño de la tienda iba a decirle algo, pero se quedó en silencio. De pronto comprendió. Vio que, en la parte inferior de los pantalones del chico sobresalía un soporte, el cual sostenía su pierna lisiada.

¿Por qué quería el niño aquel perro? Porque sabía cómo se sentía. Y sabía que era muy especial.

Fe observada,
fe bendecida

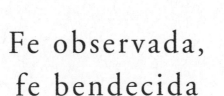

Entró Jesús otra vez en Capernaum después de algunos días;
y se oyó que estaba en casa. E inmediatamente se juntaron
muchos, de manera que ya no cabían ni aun a la puerta;
y les predicaba la palabra. Entonces vinieron a él unos
trayendo un paralítico, que era cargado por cuatro.
Y como no podían acercarse a él a causa de la multitud,
descubrieron el techo de donde estaba, y haciendo una
abertura, bajaron el lecho en que yacía el paralítico.
Al ver Jesús la fe de ellos, dijo al paralítico:
Hijo, tus pecados te son perdonados.

MARCOS 2:1-5, RVR1960

*J*esús fue movido por esa demostración de fe.
Cuatro hombres tenían suficiente esperanza en él y
suficiente amor por su amigo como para arriesgarse.
La camilla descendiendo era una señal de arriba, ¿lo
puedes creer? Alguien estaba dispuesto a arriesgar la

vergüenza y la lesión, por solo unos momentos, con el Galileo.

Jesús se conmovió. Así que aplaude; si no con sus manos, al menos con su corazón. Y no solo aplaude, bendice. Y presenciamos una explosión de amor divino.

Los amigos quieren que él cure a su amigo. Pero Jesús no se conforma con una simple sanidad del cuerpo, quiere sanarle el alma. Él evade lo físico y se ocupa de lo espiritual. Sanar el cuerpo es temporal; sanar el alma es eterno.

La petición de los amigos es válida, aunque tímida. Las expectativas de la multitud son altas, pero no lo suficiente. Ellos esperaban que Jesús dijera: «Te sano». En cambio, él dice: «Te perdono». Ellos esperan que trate el cuerpo, porque eso es lo que ven.

Él decide tratar no solo el cuerpo, sino también lo espiritual, porque eso es lo que él ve.

Ellos quieren que Jesús le dé al hombre un nuevo cuerpo para que pueda caminar. Jesús le da gracia para que pueda vivir.

Impresionante. A veces Dios está tan conmovido por lo que ve que nos da lo que necesitamos y no simplemente lo que pedimos.

Por cierto, Jesús no ha cambiado desde el día en que bajaron una camilla ante su presencia con las cuerdas de la esperanza.

Lo que sucedió entonces todavía sucede. Cuando damos un paso de fe, Dios lo ve. El mismo rostro que sonrió al paralítico sonríe al alcohólico que rehúsa la botella. Los mismos ojos que chispeaban a los amigos, chispean a la madre y al padre que van a hacer lo que sea necesario para llevar a su hijo ante Jesús. Y los mismos labios que hablaron con el hombre en Capernaum hablan al hombre en Detroit, a la mujer en Belfast, al niño en Moscú… hablan a cualquier persona en cualquier lugar que se atreva a entrar en la presencia de Dios y le pida ayuda.

Y aunque no podemos oírlo aquí, los ángeles pueden oírle allá. Todo el cielo debe hacer una pausa cuando otra explosión de amor declare las únicas palabras que realmente valen: «Tus pecados te son perdonados».

El gran
intercambio

$\mathcal{U}$n amigo mío estaba en Disney World hace algún tiempo. Él y su familia buscaron un lugar para descansar en el castillo de Cenicienta. Por desgracia, también lo hicieron todos los demás. El lugar estaba lleno de niños y padres. De repente, todos los niños corrieron a un lado. Si hubiera sido un barco, el castillo se habría volcado. Cenicienta había entrado.

Cenicienta. La princesa prístina. Una joven preciosa con cada cabello en su lugar, sin defectos en la piel y una sonrisa radiante. Se puso de pie en medio de un jardín de niños hasta la cintura, cada uno con ganas de tocar y ser tocado.

El otro lado del castillo estaba ahora desocupado, excepto por un niño de tal vez siete u ocho años de edad. Su edad era difícil de determinar debido a la desfiguración de su cuerpo. Empequeñecido en altura, con la cara deformada, el pequeño se quedó mirando en silencio y con melancolía, aferrado a la mano de un hermano mayor.

¿No sabes lo que él quería? Quería estar con los niños. Anhelaba estar en medio de aquellos chicos para acercarse a Cenicienta, llamándola por su nombre. Pero, ¿puedes sentir su temor, su miedo a otro rechazo? ¿Miedo a ser burlado otra vez, ridiculizado otra vez?

¿No te gustaría que Cenicienta se dirigiera a él? ¿Adivina qué? ¡Cenicienta lo hizo!

Ella notó que el niño estaba allí. Así que, de inmediato, comenzó a caminar en dirección a él. Con cortesía, pero con firmeza, avanzó en forma lenta entre la multitud de niños, hasta que al fin quedó libre. Caminó rápidamente al otro lado de donde estaba, se arrodilló a nivel de los ojos del estupefacto pequeño, y le estampó un beso en su rostro.

La historia me recuerda a otra figura de la realeza. Los nombres son diferentes, pero, ¿no es casi la misma historia? Más que de una princesa de Disney, esta composición trata acerca del Príncipe de Paz. En vez de un niño en un castillo, nuestra historia es acerca de ti y de mí. En ambos casos, se dio un regalo. En ambos casos, se compartió amor. En ambos casos, el ser maravilloso realizó un gesto que fue más allá de las palabras.

Pero Jesús hizo más que Cenicienta. Oh, mucho más. Cenicienta solo dio un beso. Cuando se levantó para irse, se llevó su belleza consigo. El niño siguió con su deformidad. ¿Qué habría pasado si Cenicienta hubiese hecho lo que Jesús hizo? ¿Qué habría sucedido si ella hubiera tomado el estado del chico? ¿Qué habría ocurrido si ella, de alguna manera, le

hubiera dado su belleza al pequeño y hubiese tomado la deformación de él?

Eso es lo que hizo Jesús.

«Él cargó con nuestras enfermedades y soportó nuestros dolores… fue herido por nuestras
rebeliones, fue golpeado por nuestras maldades; él sufrió en nuestro lugar, y gracias a sus
heridas recibimos la paz y fuimos sanados».
—Isaías 53:4-5, TLA

No te equivoques:

- Jesús dio más que un beso, dio su belleza.
- Él hizo más que una visita, pagó por
  nuestros errores.
- Él tomó más que un minuto, tomó
  nuestro pecado.

Los ojos en
el Salvador

$\mathcal{U}$n grupo de escaladores se dispuso a trepar una gran montaña en Europa. La vista contaba con una impresionante cima de rocas cubiertas de nieve. En los días claros las puntas de las cumbres imperaban como reyes en el horizonte. Sus puntas blancas sobresalían en el cielo azul incitando a la admiración y brindando inspiración.

En días así los excursionistas lograban mayor progreso. El pico estaba por encima de ellos, como un objetivo cautivante. La altura atraía a los ojos. El paseo era a paso enérgico. La cooperación era desinteresada. Aunque eran muchos, subían como uno solo, todos mirando a la misma cumbre.

Sin embargo, otros días, el pico de la montaña se ocultaba de la vista. La cubierta de nubes eclipsaba al crujiente azulado con un techo gris, monótono y bloqueaba la visión de la cima de la montaña. En esos días, el ascenso se hacía arduo. Los ojos se enfocaban hacia abajo y los pensamientos hacia adentro. La meta quedaba en el olvido. Los ánimos mermaban. El cansancio era el compañero no el invitado. Las quejas punzaban como espinas en el sendero.

Somos así, ¿verdad? Mientras podamos ver nuestro sueño, siempre y cuando nuestro objetivo esté a la vista, no hay montaña que no podamos subir ni cumbre que no podamos escalar. Pero nos quitas nuestra visión, bloqueas nuestro enfoque en el final de la pista y el resultado es tan desalentador como el viaje.

Piénsalo. Oculta al Nazareno que nos llama desde la cima de la montaña y observa qué pasa. Escucha los murmullos de los escaladores que se detienen y se sientan a un lado de la vía. ¿Para qué continuar si no hay alivio a la vista? Peregrinos sin ninguna visión de la tierra prometida se convierten en propietarios de su propia tierra. Levantan campamento. Se cambian las botas de montaña por unos mocasines y cambian sus varas por nuevos sillones reclinables.

En vez de mirar hacia arriba donde él está, miran al interior de sí mismos y al exterior de los demás. ¿El resultado? Claustrofobia. Peleas familiares. Líderes inquietos. Construcción de barreras. Territorio delineado. Avisos como *¡Prohibido el paso!*, colgados en los corazones y en los hogares. Las discusiones se convierten en peleas cuando grupos miopes recurren a mirar las debilidades de cada uno, en vez de recurrir a adorar a su Fortaleza común.

Anota esto. Somos lo que vemos. Si solo nos vemos a nosotros mismos, nuestras lápidas tendrán el mismo epitafio que Pablo utilizó para describir a los enemigos de Cristo: «Adoran al dios de sus propios deseos y se enorgullecen de lo que es su vergüenza. Solo piensan en lo terrenal» (Filipenses 3:19, NVI).

Los seres humanos no estaban destinados para habitar en la niebla rancia de las tierras bajas sin ninguna visión de su Creador.

Es por eso que Dios se acercó. Para que lo vieran.

Y por eso, los que lo vieron no volvieron a ser los mismos. «Vimos su gloria», exclamó un seguidor.

«Nosotros fuimos testigos oculares de su majestad», susurró un mártir.

Ellos vieron la cima. Respiraron el aire fresco de las tierras altas. Alcanzaron a ver el pináculo. Y se negaron a abandonar la escalada hasta llegar a la parte superior. Ellos querían ver a Jesús.

Ver a Jesús es de lo que se trata el cristianismo. El servicio cristiano, en su forma más pura, no es más que imitar lo que vemos. Ver su majestad e imitarlo es la suma del cristianismo.

Esa es la razón por la que los que lo ven hoy nunca más serán iguales.

Adquirir una visión de tu Hacedor puede ser algo como empezar toda una nueva vida. Puede ser como un nuevo nacimiento. En efecto, aquel que inspiró este libro dijo que los nuevos comienzos y la buena vista son inseparables. «A menos que se nazca de nuevo, no se puede estar en el reino de Dios».

Si Jesús es quien dice ser, no hay verdad más digna de tu tiempo ni hay un dios más digno de tu devoción.

Sigue escalando. Y sigue mirando hacia arriba. Pero asegúrate de que tus ojos estén puestos en el Salvador.

Ven y ve

Natanael le dijo: ¿De Nazaret puede salir algo de bueno?
Le dijo Felipe: Ven y ve.

JUAN 1:46, RVR1960

La pregunta de Natanael aún persiste, incluso dos mil años después. ¿Vale la pena, en realidad, considerar la vida del joven Nazareno?

La respuesta de Felipe sigue siendo suficiente. «Ven y ve».

Ven y ve la roca que ha resistido los vientos del tiempo. Escucha su voz.

La verdad imperturbable,
    gracia sin mancha,
lealtad inalterable.

Ven y ve la llama que los tiranos y déspotas no han extinguido.

Ven y ve la pasión que la opresión no ha aplastado.

Ven y ve los hospitales y orfanatos levantarse al lado de las ruinas del humanismo y el ateísmo.

Ven y ve lo que Cristo ha hecho.

¿De Nazaret puede salir algo de bueno?

Ven y ve. Ven y ve las vidas cambiadas:

el alcohólico ahora sobrio,
los amargados ahora alegres,
el avergonzado ahora perdonado.

Ven y ve los matrimonios reconstruidos, los huérfanos abrazados, los presos inspirados.

Viaja a las selvas y escucha los tambores retumbar en alabanza.

Pasa de encubierto por las esquinas del comunismo y encuentra creyentes adorando bajo amenaza de muerte.

Camina por el corredor de la muerte y presencia al condenado por el hombre, sin embargo, liberado por Dios.

¿De Nazaret puede salir algo de bueno?

Ven y ve la mano horadada de Dios tocar el corazón más común, limpiar la lágrima del rostro arrugado y perdonar el pecado más feo.

Ven y ve. Él no evade a ningún solicitante. No ignora ninguna investigación. No teme a la búsqueda. Ven y ve. Natanael vino. Y Natanael vio. Y Natanael descubrió: «Rabí, tú eres el Hijo de Dios, tú eres el Rey de Israel».

RESCATE POR LOS PECADORES

*Pero Dios mostró el gran amor
que nos tiene al enviar a Cristo
a morir por nosotros cuando
todavía éramos pecadores.*

ROMANOS 5:8, NTV

Jesús, ¿no pensaste en salvarte a ti mismo? ¿Qué te mantiene allí? ¿Qué te aferra a la cruz? Los clavos no sostienen dioses en los maderos. ¿Qué hace que te quedes ahí?

Camino al Calvario

Cristo vino a la tierra por una razón: para dar su vida en rescate por ti, por mí, por todos nosotros. Se sacrificó para darnos una segunda oportunidad. Él habría ido a cualquier extremo para lograrlo. Y lo hizo. Fue a la cruz, donde la desesperación absoluta del hombre chocó con la inflexible gracia de Dios. Y en ese momento, cuando el gran regalo de Dios se completó, el Cristo compasivo mostró al mundo el costo de su obsequio.

Sigue el recorrido de este Salvador, el Dios que cambió la realeza celestial por la pobreza terrenal. Su cama se convirtió, en el mejor de los casos, en un catre prestado y, por lo general, en tierra dura. Su ingreso consistía de donativos. A veces estaba tan hambriento que comía el grano crudo o recogía frutos de cualquier árbol. Él sabía lo que significaba no tener hogar. Fue ridiculizado. Sus vecinos trataron de lincharlo. Algunos lo llaman loco. Su familia trató de confinarlo a su casa. Sus amigos no siempre le fueron fieles.

Fue acusado de un crimen que nunca cometió. Se contrataron testigos para que mintieran. El jurado fue manipulado. Un juez influido por la política dictó la pena de muerte.

Lo mataron.

¿Y por qué? Por el don que solo él podía dar.

El que era perfecto dio ese récord perfecto por nosotros y nuestro récord imperfecto le fue dado a él. Jesús era «inocente, pero sufrió por los malos, para llevarlos a ustedes a Dios» (1 Pedro 3:18, DHH). Como resultado, la santidad de Dios es honrada y sus hijos son perdonados.

La niebla de un corazón partío

Fueron al huerto de olivos llamado Getsemaní, y Jesús dijo:
«Siéntense aquí mientras yo voy a orar».
Se llevó a Pedro, a Santiago y a Juan y
comenzó a afligirse y angustiarse profundamente. Les dijo:
«Mi alma está destrozada de tanta tristeza,
hasta el punto de la muerte. Quédense aquí y velen
conmigo». Se adelantó un poco más y cayó en tierra.
Pidió en oración que, si fuera posible,
pasara de él la horrible hora que le esperaba.
«Abba, Padre —clamó—, todo es posible para ti.
Te pido que quites esta copa de sufrimiento de mí.
Sin embargo, quiero que se haga tu voluntad, no la mía».

MARCOS 14:32-46, NTV

Observa esas frases. «Afligirse y angustiarse profundamente». «Mi alma está destrozada de tanta tristeza». «Se adelantó un poco más y cayó en tierra».

¿Te parece esta la imagen de un Jesús santo reposando en la palma de la mano de Dios? Muy difícil. Marcos usó pintura negra para describir esta escena. Vemos un Jesús agónico, tenso y luchando. Vemos un «varón de dolores». Vemos un hombre luchando con el miedo, luchando con los compromisos y anhelando alivio.

Vemos a Jesús en la niebla de un corazón partío. El escritor de Hebreos escribiría más tarde:

«En los días de su vida mortal, Jesús ofreció oraciones y *súplicas con fuerte clamor y lágrimas* al que podía salvarlo de la muerte».
—HEBREOS 5:7, NVI

¡Oh, qué retrato! Jesús sintiendo dolor. Jesús en la etapa del miedo. Jesús envuelto, no en santidad, sino en humanidad.

La próxima vez que la niebla te encuentre, es bueno que recuerdes a Jesús en Getsemaní. La próxima vez que pienses que nadie entiende, vuelve a leer el capítulo catorce de Marcos. La próxima vez que tu autocompasión te convenza de que a nadie le importas, visita a Getsemaní. Y la próxima vez que te preguntes si Dios realmente capta el dolor que prevalece en este planeta polvoriento, escúchalo suplicando entre los arqueados árboles.

Ver a Dios así hace maravillas por nuestro propio sufrimiento. Dios nunca fue más humano que en esa hora. Nunca estuvo más cerca de nosotros que cuando sentía dolor. La Encarnación nunca se concretó mejor que en Getsemaní.

Como resultado, el tiempo pasado en la niebla del dolor pudiera ser el mayor regalo de Dios. Pudiera ser la hora en que, al fin, veamos a nuestro Hacedor. Si es cierto que, en el sufrimiento, es cuando Dios más se parece al hombre, tal vez en nuestro sufrimiento podamos verlo como nunca antes.

Observa con atención. Muy bien pudiera ser que la mano que se extiende para sacarte de la niebla sea una que está horadada.

Compañero
en el plan

*Pero Dios sabía lo que iba a suceder y su plan
predeterminado se llevó a cabo cuando Jesús fue
traicionado.
Con la ayuda de gentiles sin ley, ustedes lo clavaron
en la cruz y lo mataron; pero Dios lo liberó de los terrores
de la muerte y lo volvió a la vida, pues la muerte
no pudo retenerlo bajo su dominio.*

<small>HECHOS 2:23-24, NTV</small>

La cruz no fue un accidente.

La muerte de Jesús no fue el resultado de un ingeniero cosmológico acosado por el pánico. La cruz no fue una sorpresa trágica. El Calvario no fue una respuesta instintiva a la caída de un mundo tendiente a la destrucción. No fue un trabajo remendado ni una medida provisional. La muerte del Hijo de Dios fue cualquier cosa menos un riesgo inesperado.

No, fue parte de un plan extraordinario. Una elección calculada.

En el momento en que el fruto prohibido tocó los labios de Eva, la sombra de una cruz apareció en el horizonte. Y entre ese instante y el momento en que el hombre usó el mazo para poner el clavo sobre la muñeca de Dios, se cumplió un plan magistral.

¿Qué significa eso? Eso significa que Jesús planeó su propio sacrificio.

Eso significa que Jesús plantó intencionalmente el árbol del cual se talló su cruz.

Significa que voluntariamente colocó, en el corazón de la tierra, el mineral de hierro con el que se fundieron los clavos.

Significa que puso voluntariamente a Judas en el vientre de una mujer.

Eso significa que Cristo fue el que puso en marcha la maquinaria política que enviaría a Pilato a Jerusalén.

Y también significa que no tenía que hacerlo, pero lo hizo.

No fue un accidente, ni algo fingido. Incluso al más cruel de los delincuentes se le ahorra la agonía de escuchar que alguien le lea su sentencia de muerte, menos aun antes de que empiece a vivir.

Pero Jesús nació crucificado. Tan pronto como estuvo consciente de quién era, también estuvo consciente de lo que tenía que hacer. Siempre se podía ver la sombra en forma de cruz. Y siempre podían escucharse los gritos de los prisioneros del infierno.

Eso explica el destello de determinación en su rostro cuando se volvió para ir a Jerusalén por última vez. Estaba en su marcha fúnebre (Lucas 9:51, RVR1960).

Eso explica la firmeza en las palabras:

> «Por eso me ama el Padre: porque entrego mi vida para volver a recibirla. Nadie me la arrebata, sino que yo la entrego por mi propia voluntad».
>
> —JUAN 10:17-18, NVI

La cruz explica por qué Juan el Bautista presentó a Jesús ante la gente como el «¡Cordero de Dios, que quita el pecado del mundo!» (Juan 1:29, NVI).

Tal vez es por eso que arrancó la hierba de raíz en Getsemaní. Él sabía el infierno que iba a padecer por decir: «Hágase tu voluntad».

Tal vez fue la cruz por lo que amaba a los niños. Ellos representaban la misma cosa que él tendría que dar: Vida.

Las cuerdas utilizadas para atarle las manos y los soldados empleados para llevarlo a la cruz eran innecesarios. Eran incidentales. Si no hubieran estado allí, si no hubiera habido juicio, ni Pilato, ni la multitud de gente, se habría producido la misma crucifixión. Si Jesús hubiera sido forzado a clavarse a sí mismo a la cruz, lo habría hecho. Porque no fueron los soldados los que lo mataron, ni los gritos de la multitud: Fue su devoción a nosotros.

Así que llámalo como desees: Un acto de gracia. Un plan de redención. El sacrificio de un mártir. Pero como sea que lo llames, no lo llames accidente. Fue cualquier cosa menos eso.

Él te vio

La oración final de Jesús fue acerca de ti. Su último dolor fue por ti. Su pasión final fue por ti. Antes de ir a la cruz, Jesús fue al jardín de Getsemaní. Y cuando habló con su Padre, tú estabas en su oración. Cuando Jesús miró al cielo, tú estabas en su visión. Como soñó con el día en que vamos a estar donde él está, Jesús te vio allí…

Nunca se había sentido tan solo. Lo que había que hacer, solo él podría hacerlo. Un ángel no podría hacerlo. Ningún ángel tiene el poder de romper y abrir las puertas del infierno. Un hombre no podría hacerlo. Ningún hombre tiene la pureza para destruir la demanda del pecado. Ninguna potencia en la tierra puede hacerle frente a la fuerza del mal y ganar, excepto Dios.

Y Dios no podía darte la espalda. No podía porque te vio y una sola mirada fue suficiente para convencerlo. Allí mismo, en medio de un mundo que no es justo. Te vio lanzado a un río de vida que no solicitaste. Te vio traicionado por aquellos que amas. Él te vio con un cuerpo que se enferma y un corazón que se debilita.

Te vio en tu propio huerto de árboles arqueados y amigos durmiendo. Te vio con la mirada fija en el foso de tus propios fracasos y en la boca de tu propia tumba. Te vio en tu huerto de Getsemaní, y no quería que estuvieras solo.

Quería que supieras que él también ha estado allí. Él sabe lo que se siente que conspiren contra uno. Él sabe lo que se siente al estar confundido. Él sabe lo que se siente estar dividido entre dos deseos. Él sabe lo que se siente percibir el hedor de Satanás. Y, quizá lo más importante, sabe lo que es pedir a Dios que cambie de opinión y escucharlo decir con ternura, pero con firmeza: «No».

Porque eso fue lo que Dios le dijo a Jesús. Y Jesús aceptó la respuesta. En algún momento durante esa hora de la noche un ángel misericordioso vino sobre el cuerpo cansado del hombre en el jardín. Jesús se paró, la angustia se había ido de sus ojos. Su corazón no iba a luchar más.

La batalla ha sido ganada. ¿La señal de conquista? Jesús en paz entre los olivos.

En la víspera de la cruz, Jesús tomó una decisión. Preferiría ir al infierno por ti antes que ir al cielo sin ti.

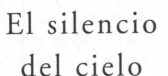

El silencio del cielo

En la noche más oscura de su vida, Jesús supo lo que era la oración sin respuesta, el servicio sin fruto y la traición asombrosa. Jesús acababa de ofrecer una angustiosa apelación a Dios.

«¡Padre mío! Si es posible, que pase de mí esta copa de sufrimiento. Sin embargo, quiero que se haga tu voluntad, no la mía».

—MATEO 26:39, NTV

Mateo dice que Jesús «comenzó a afligirse y angustiarse» (Mateo 26:37, NTV). El Maestro «se inclinó rostro en tierra» (Mateo 26:39, RVR1960) y clamó a Dios. Lucas nos dice que Jesús estaba «en agonía de espíritu» y que «su sudor caía a tierra como grandes gotas de sangre» (Lucas 22:44, RVR1960).

La tierra nunca ha ofrecido una petición tan urgente. Y el cielo nunca ha brindado un silencio más ensordecedor. La oración de Jesús no fue respondida.

¿Jesús y *oración no respondida* en una misma frase? ¿No es una contradicción? ¿No tendría el hijo de Henry un Ford o el hijo de Bill Gates un computador? ¿Le negaría Dios, el que posee el ganado sobre mil colinas, algo a su propio Hijo? Lo hizo esa noche. Y eso fue solo el principio. Mira quién se presentó después:

Judas llegó con una multitud enfurecida (Mateo 26:47, 51, RVR1960). Jesús no solo tiene que enfrentarse a una oración sin respuesta, también tuvo que lidiar con un servicio sin fruto. Las mismas personas que vino a salvar habían llegado ahora para arrestarlo.

Traición asombrosa: *Todos* le juraron lealtad y, sin embargo, *todos* huyeron. Los discípulos lo han dejado. Servicio sin fruto: El pueblo lo ha rechazado. Y, quizás lo más hiriente: oración sin respuesta. Dios no lo ha escuchado. Desde el punto de vista humano, el mundo de Jesús se ha derrumbado. Sin respuesta del cielo, sin la ayuda de la gente, sin lealtad de sus amigos.

Sin embargo, de alguna manera, a pesar de todo el dolor, Jesús fue capaz de ver lo bueno en lo malo, el propósito en el dolor y la presencia de Dios en el problema.

Encontró bien en el mal. Sería difícil encontrar a alguien peor que Judas. La Biblia dice:

«Judas… era un ladrón y, como estaba a cargo del dinero de los discípulos, a menudo robaba una parte para él».

—JUAN 12:6, NTV

De alguna manera Judas fue capaz de vivir en la presencia de Dios, experimentar los milagros de Cristo y permanecer igual. Al final, decidió que prefería más tener el dinero que un amigo; así que vendió a Jesús por treinta piezas de plata. Judas era un sinvergüenza, un tramposo, un canalla. ¿Cómo podría alguien verlo de otra forma?

De alguna manera Jesús lo pudo hacer. A solo centímetros de la cara de su traidor, Jesús lo miró y le dijo:

> «Amigo mío, adelante, haz lo que viniste a hacer».
>
> —Mateo 26:50, ntv

Qué vio Jesús en Judas que fuera digno de ser llamado amigo, no me lo puedo imaginar. Pero sé que Jesús no miente y, en ese momento, vio algo bueno en un hombre muy malo.

Jesús no solo halló algo bueno en lo malo, encontró propósito en el dolor. De la gran cantidad de palabras que Jesús dijo en su detención, solo unas pocas se refieren al propósito de Dios.

> «Deja que todo pase como está sucediendo ahora; solo así puede cumplirse lo que dice la Biblia».
>
> —Mateo 26:54, tla

> «Pero todo esto debe suceder para que se cumpla lo que anunciaron los profetas».
>
> —Mateo 26:56, tla

Jesús decidió ver su lucha inmediata como parte necesaria de un plan mayor. Él vio el conflicto en Getsemaní como un acto importante, pero singular, en el gran manuscrito del drama de Dios.

Donde vemos una oración sin respuesta, Jesús vio una oración respondida. Donde vemos la ausencia de Dios, Jesús vio el plan divino. Nota en especial el versículo 53: «¿No sabes que yo puedo pedirle ayuda a mi Padre, y que de inmediato me enviaría todo un ejército de ángeles para defenderme?» (TLA).

Jesús vio lo que importaba. Él vio a su Padre. Él vio la presencia de su Padre en el problema.

A cualquier precio

$\mathcal{D}$ios en una cruz. El acto máximo de compasión creativa. El Creador siendo sacrificado por la creación. Dios convenciendo al hombre de una vez por todas de que él daría cualquier cosa, pagaría cualquier precio, por salvar a sus hijos.

Él pudo haberse dado por vencido. Él pudo haber dado la espalda. Pudo haberse alejado del desastre miserable en que se había convertido el mundo, pero no lo hizo.

Dios no se dio por vencido.

Cuando la gente de su propia ciudad natal trató de empujarlo por un acantilado, no se dio por vencido.

Cuando sus hermanos se burlaban de él, no se dio por vencido.

Cuando fue acusado de blasfemar contra Dios por gente que no temía a Dios, no se dio por vencido.

Cuando Pedro lo adoró en la cena y lo maldijo sentado al fuego, no se dio por vencido.

Cuando la gente le escupió en la cara, él no los escupió a ellos. Cuando los transeúntes lo abofetearon, no los abofeteó. Cuando un látigo rasgó sus costados, no se tornó a ordenar a los ángeles expectantes que empujaran con fuerza ese látigo por la garganta de ese soldado.

Y cuando la mano humana sujetó las manos divinas a una cruz con clavos, no fueron las manos de los soldados las que sostuvieron las manos de Jesús con firmeza. Fue Dios quien las mantuvo firmes. Esas mismas manos que formaron los océanos y construyeron las montañas. Esas mismas manos que diseñaron las alboradas y confeccionaron cada una de las nubes. Esas mismas manos que diseñaron un asombroso plan para ti y para mí.

Da un paseo por la colina. Ve al Calvario. Ve a la cruz donde, con sangre santa, la mano que te colocó en el planeta escribió la promesa: «Dios daría hasta a su único Hijo antes que darse por vencido contigo».

¿LO CORRECTO
O LO JUSTO?

No era correcto que la gente escupiera los ojos que habían llorado por ellos. No era correcto que los soldados le arrancaran trozos de carne a la espalda de su Dios. No era correcto que unos clavos horadaran las manos que formaron la tierra. Y no era correcto que el Hijo de Dios fuera obligado a escuchar el silencio de Dios.

No era correcto, pero sucedió.

Porque mientras Jesús estaba en la cruz, Dios no hizo nada. Le dio la espalda. Hizo caso omiso de los gritos del inocente.

Se sentó en silencio mientras los pecados del mundo eran colocados sobre su Hijo. Y no hizo nada mientras un grito un millón de veces más sangriento que el de Juan hizo eco en el negro cielo:

«Dios mío, Dios mío, ¿por qué me has abandonado?».

—MARCOS 15:34, NTV

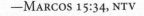

¿Era correcto? No.

¿Era justo? No.

¿Era amor? Sí.

En un mundo de injusticia, Dios inclinó la balanza de una vez por todas a favor de la esperanza. Y lo hizo no haciendo nada para que pudiéramos conocer el reino de Dios.

Con el corazón
partío... por ti

*F*ue el grito de soledad más desgarrador en la historia, y no provenía de un preso ni de una viuda ni de un paciente. Venía de una colina, de una cruz, de un Mesías.

«¡Dios mío, Dios mío!», gritó. «¡Por qué me abandonaste!»

Nunca unas palabras han salido tan cargadas de dolor. Nunca un ser ha estado tan solo.

La desesperación es más oscura que el cielo. Los dos que han sido uno ahora son dos. Jesús, que había estado con Dios por la eternidad, ahora está solo. El Cristo, que era una expresión de Dios, es abandonado. La Trinidad es desmantelada. La Divinidad es desarticulada. La unidad es disuelta.

Es más de lo que Jesús puede aguantar. Él soportó los golpes y se mantuvo fuerte en los juicios simulados. Observó en silencio mientras aquellos a quienes amaba huían. No tomó represalias cuando le lanzaban insultos y no gritó cuando los clavos traspasaron sus muñecas.

Pero cuando Dios volteó su cabeza, eso fue más de lo que podía soportar.

«¡Dios mío!» El gemido se eleva desde los labios resecos. El corazón santo está roto. El Portador de pecados grita mientras deambula en la soledad eterna. Desde el cielo en silencio vienen las palabras gritadas por todos los que caminan en el desierto de la soledad. «¿Por qué? ¿Por qué me abandonaste?»

No puedo entenderlo. Sinceramente, no puedo. ¿Por qué lo hiciste Jesús? Ah, ya sé, lo sé. He oído las respuestas oficiales. «Para satisfacer la antigua ley». «Para cumplir la profecía». Y esas respuestas son correctas. Lo son. Pero hay algo más aquí. Algo muy compasivo. Algo anhelante. Algo personal.

¿Qué es?

Es posible que su corazón se haya roto por todas las personas que dirigen sus ojos desesperados hacia el cielo oscuro y claman el mismo «¿Por qué?» ¿Sería que su corazón estaba roto por los que sufren? ¿Podría ser que su deseo de llevar sobre sí el dolor de ellos lo llevara a la cruz? Si hubiera podido, ¿no habría él corrido hacia la cruz en nombre de todo el dolor del mundo?

Me lo imagino, inclinándose cerca de los que sufren. Me lo imagino escuchando. Me imagino sus ojos llorosos y una mano horadada secándose una lágrima. Y a pesar de que puede que no ofrezca ninguna respuesta, a pesar de que puede que no resuelva ningún dilema, aunque puede que la pregunta se congele dolorosamente en el aire, aquel que también estuvo una vez solo, entiende.

«¡Todo ha terminado!»

¿*H*ay otras palabras en la historia más espléndidas? Tres palabras, demoledoras y victoriosas a la vez.

«Todo ha terminado».

Detente y escucha un momento. Deja que las palabras serpenteen a través de tu corazón. Imagínate el grito de la cruz. El cielo oscuro. Las otras dos víctimas se quejaban. Las bocas de la multitud burlona están en silencio. Tal vez hay truenos. Tal vez hay llanto. Tal vez hay silencio. Entonces Jesús saca una respiración profunda, empuja sus pies hacia abajo entre aquellos clavos romanos, y grita: «¡Todo ha terminado!»

¿Qué había terminado?

El largo plan de la historia de la redención del hombre había terminado. El mensaje de Dios para el hombre fue consumado. Las obras realizadas por Jesús como hombre en la tierra fueron consumadas. La tarea de seleccionar y formar embajadores se consumó. El trabajo fue consumado. La canción fue cantada. La sangre fue derramada. El sacrificio se hizo. El aguijón de la muerte fue retirado. Había terminado.

¿Un grito de derrota? Difícilmente. De no haber sido sujetadas sus manos hasta me atrevo a decir que un puño triunfante habría perforado el cielo oscuro. No, esto no es un grito de desesperación. Es un grito de conclusión. Un grito de alivio. Un rugido de cumplimiento. Un grito de victoria.

«¡Padre!» (La voz es ronca).
La voz que levanta a los muertos,
　　la voz que enseña a los dispuestos,
la voz que gritó a Dios,
　　ahora dice: «¡Padre!»
«Padre».

Terminó.
Un ángel suspira.
Una estrella enjuga una lágrima.

«Llévame a casa».
Sí, llévalo a casa.
Lleva este príncipe a su rey.
Lleva este Hijo a su Padre.
Lleva este peregrino a su hogar.
　　(Se merece un descanso.)
«Llévame a casa».

Vengan, ¡diez mil ángeles!
Vengan y lleven este Trovador herido
　　a la cuna de los brazos de su Padre.

Adiós, niño del pesebre.
Seas bendecido, embajador santo.
Ve a casa, verdugo de la muerte.
Descansa bien, dulce soldado.
La batalla ha terminado.

Gracia abundante

Pero Dios demuestra su amor por nosotros en esto:
en que cuando todavía éramos pecadores,
Cristo murió por nosotros.

—Romanos 5:8, NVI

Y nunca más tendrás que preguntarte quién es tu Padre,
tú has sido adoptado por Dios y eres, por lo tanto,
un «heredero de Dios por medio de Cristo».

—Gálatas 4:7, RVR1960

*P*ondera el logro de Dios. Él no aprueba nuestro pecado, ni juega con sus principios. No ignora nuestra rebelión, ni atenúa sus exigencias. Más que desestimar nuestro pecado, lo asume y, aunque parezca increíble, se sentencia a sí mismo. La santidad de Dios es honrada. Nuestro pecado es castigado… y nosotros somos redimidos. Dios hace lo que nosotros no podemos hacer para que podamos ser lo que no nos atrevemos a soñar: perfectos delante de Dios.

Promesas misericordiosas

*Ahora, pues, ninguna condenación
hay para los que están en Cristo Jesús.*

—Romanos 8:1, RVR1960

[Dios] justifica a los que tienen fe en Jesús.

—Romanos 3:26, NVI

*Yo les perdonaré sus iniquidades,
y nunca más me acordaré de sus pecados.*

—Hebreos 8:12, NVI

Para aquellos que están en Cristo, esas promesas no son solo una fuente de alegría. Son también los cimientos del verdadero valor. Se te garantiza que tus pecados serán filtrados, escondidos y descartados por el sacrificio de Jesús. Cuando Dios te mira, no te ve a ti;

ve a aquel que te rodea. Eso significa que el fracaso no es una preocupación para ti. Tu victoria es segura. ¿Cómo se puede no tener valor?

Imagínatelo de esta manera. Eres un patinador sobre hielo en una competición. Estás en el primer lugar con una ronda más por delante. Si ejecutas bien, el trofeo es tuyo. Estás nervioso, ansioso y asustado.

Entonces, solo minutos antes de que participes, tu entrenador se te acerca apresuradamente con la emocionante noticia: «¡Ya ganaste! Los jueces tabularon los resultados y la persona que está en el segundo lugar no puede alcanzarte. Estás demasiado adelantado».

Responde a la gran pregunta de la eternidad y las pequeñas cuestiones de la vida caen en perspectiva.

Perdón y paz

A través del sacrificio de Cristo,
nuestro pasado es perdonado y nuestro futuro asegurado.
Y, «ya que fuimos declarados justos a los ojos de Dios
por medio de la fe, tenemos paz con Dios».

—Romanos 5:1, ntv

Paz con Dios. ¡Qué feliz consecuencia de la fe! No solo paz entre los países, paz entre vecinos o paz en el hogar; la salvación trae paz con Dios.

Una vez un monje y su aprendiz se trasladaron de la abadía a un pueblo cercano. Los dos se separaron a las puertas la ciudad, luego de acordar que se reunirían a la mañana siguiente después de completar sus tareas. Según el plan, se encontraron y comenzaron el largo camino de regreso a la abadía. El monje se dio cuenta de que el joven estaba inusualmente tranquilo. Le preguntó si algo andaba mal. «¿Ese no es su problema?», le respondió con brusquedad.

Ahora el monje estaba seguro de que su hermano estaba turbado, pero no dijo nada. La distancia entre los dos comenzó a aumentar. El discípulo caminaba lentamente, como para separarse de su maestro. Cuando la abadía estaba a la vista, el monje se detuvo en la puerta y esperó por el estudiante. «Dime, hijo. ¿Qué perturba tu alma?»

El muchacho iba a reaccionar de nuevo, pero cuando vio la calidez en los ojos de su maestro, su corazón comenzó a derretirse. «He pecado gravemente», sollozó. «Anoche dormí con una mujer y abandoné mis votos. Ya no soy digno de entrar en la abadía a su lado».

El maestro puso su brazo alrededor del discípulo y le dijo: «Vamos a entrar en la abadía juntos. Y vamos a entrar en la catedral juntos. Y juntos vamos a confesar tu pecado. Nadie más que Dios sabrá cuál de los dos cayó en pecado».

¿No describe eso lo que Dios ha hecho por nosotros? Cuando mantuvimos en silencio nuestro pecado, nos alejamos de él. Lo veíamos como un enemigo. Tomamos medidas para evitar su presencia. Pero confesar nuestra culpa altera nuestra percepción. Dios ya no es un enemigo, sino un amigo. Estamos en paz con él. Hizo más que lo que el monje hizo, mucho más. Más que compartir en nuestro pecado, Jesús fue «herido por nuestras rebeliones, fue golpeado por nuestras maldades; él sufrió en nuestro lugar» (Isaías 53:5, TLA). «Soportó la vergüenza» (Hebreos 12:2, TLA). Él nos lleva a la presencia de Dios.

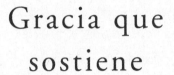

Gracia que sostiene

«Señor, si eres tú», respondió Pedro,
«mándame que vaya a ti sobre el agua».

—MATEO 14:28, NVI

Pedro no está probando a Jesús; le está rogando.
Caminar sobre un mar tempestuoso no es una acción
lógica; es una acción desesperada. Pedro agarra el borde de la embarcación. Saca una pierna… y luego la
otra. Da varios pasos. Es como si una cresta invisible
de rocas corriera bajo sus pies. Al final de la cresta está
el rostro radiante de un amigo que nunca se rinde.

Nosotros hacemos lo mismo, ¿verdad? Acudimos
a Cristo en una hora de profunda necesidad.
Abandonamos el barco de las buenas obras. Nos damos
cuenta, al igual que Moisés, que la fuerza humana no
nos va a salvar. Así que buscamos a Dios en la desesperación. Nos damos cuenta, al igual que Pablo, que
todas las buenas obras en el mundo son insignificantes

cuando se presentan ante el Perfecto. Nos damos cuenta, al igual que Pedro, que abarcar la distancia entre nosotros y Jesús es una proeza demasiado grande para nuestros pies.

Así que suplicamos su ayuda. Oímos su voz. Y salimos con temor, con la esperanza de que nuestro poquito de fe sea suficiente.

La fe no nace en la mesa de negociación en la que hacemos trueque con nuestros regalos a cambio de la bondad de Dios. La fe no es un premio otorgado a los más instruidos. No es un premio dado a los más disciplinados. No es un título legado a los más religiosos.

La fe es una zambullida desesperada fuera de la barca que se hunde por el esfuerzo humano y una oración para que Dios esté allí para sacarnos del agua. El apóstol Pablo escribió acerca de esta clase de fe:

> «Porque por gracia ustedes han sido salvados mediante la fe; esto no procede de ustedes, sino que es el regalo de Dios, no por obras, para que nadie se jacte».
> —Efesios 2:8-9, nvi

La fuerza suprema que actúa en la salvación es la gracia de Dios. No nuestros trabajos. No nuestros talentos. No nuestros sentimientos. No nuestra fuerza.

La gracia es la presencia repentina de Dios que trae calma en los mares tormentosos de nuestras vidas. Oímos su voz; damos el paso.

¿Por qué? Porque somos grandes pecadores y necesitamos un gran Salvador.

Nosotros, al igual que Pedro, estamos conscientes de dos hechos: Nos estamos hundiendo y Dios está de pie. Así que trepamos con dificultad. Dejamos atrás al *Titanic* de la justicia propia y nos ponemos de pie sobre el camino sólido de la gracia de Dios.

Y, sorprendentemente, somos capaces de caminar sobre el agua. La muerte es desarmada. Los fracasos son perdonables. La vida tiene verdadero propósito. Y Dios no solo está a la vista, está a nuestro alcance.

Gracia significa...

*H*e aquí un secreto acerca de la gracia: ocho pequeñas palabras que explican todo lo que necesitas saber: «Si Dios es por nosotros, ¿quién contra nosotros?» (Romanos 8:31). Eso es realmente todo lo que necesitas saber. Y aunque parece sencillo, hay un profundo mensaje contenido dentro de esas ocho palabras.

Vamos a echar un vistazo a cuatro vocablos en este versículo que merecen tu atención. Lee despacio la frase: «Dios es por nosotros». Por favor, haz una pausa por un minuto antes de continuar. Léelo de nuevo, en voz alta. *Dios es por nosotros.* Repite la frase cuatro veces, esta vez haciendo hincapié en cada palabra. (Vamos, no tienes gran apuro.)

Dios es por nosotros.
Dios *es* por nosotros.
Dios es *por* nosotros.
Dios es por *nosotros.*

Dios es por ti. Tus padres pueden haberte olvidado, tus profesores pueden haberte descuidado, tus hermanos pueden estar avergonzados de ti; pero al alcance de tus oraciones está el hacedor de los océanos. ¡Dios!

Dios *es* por ti. No «puede ser», no «ha sido», no «era», no «sería», pero «¡Dios es!» Él es por ti. Hoy. A esta hora. En este minuto. Mientras lees esta frase. No es necesario esperar en fila o volver mañana. Él está contigo. No podría estar más cerca de lo que está en este segundo. Su lealtad no se incrementará si eres mejor ni disminuirá si eres peor. Él es por ti.

Dios es *por* ti. Voltea a ver las líneas laterales; ese es Dios animándote en la carrera. Mira más allá de la línea de meta; ese es Dios aplaudiendo tus pasos. Escúchalo en las gradas, gritando tu nombre. ¿Demasiado cansado para continuar? Él te lleva cargado. ¿Demasiado desalentado para luchar? Él te levanta. Dios es por ti.

Dios es por *ti*. Si él tuviera un calendario, tu cumpleaños estaría encerrado en un círculo. Si él condujera un automóvil, tu nombre estaría en su parachoques. Si hay un árbol en el cielo, él ha tallado tu nombre en la corteza. Sabemos que él tiene un tatuaje, y sabemos qué dice. «He escrito tu nombre en las palmas de mis manos», declara en Isaías 49:16 (NTV).

«¿Puede una mujer olvidar a su niño de pecho, sin compadecerse del hijo de sus entrañas?», pregunta Dios en Isaías 49:15 (NBLH). ¡Qué pregunta tan extraña! ¿Pueden ustedes, madres, imaginarse que alimentan a su bebé y luego preguntan: «Cuál era el nombre de ese bebé?» No. Yo las he visto cuidar a sus hijos. Les acarician el cabello, les tocan el rostro, cantan sus nombres una y otra vez. ¿Puede una madre olvidar? De ninguna manera. Sin embargo, «Aunque ella se olvidara, Yo no te olvidaré», promete Dios (Isaías 49:15, NBLH).

Dios es por ti. Sabiendo eso, ¿quién contra ti? ¿Puede la muerte dañarte ahora? ¿Puede la enfermedad robar tu vida? ¿Puede tu propósito ser quitado o tu valor disminuido? No. Aunque el infierno pueda erigirse contra ti, nadie puede derrotarte. Estás protegido. Dios es por ti.

Y eso es lo que significa gracia.

Con la toalla y
la palangana

*Faltaba muy poco para que empezara la fiesta de la Pascua,
y Jesús sabía que se acercaba el momento en que dejaría
este mundo para ir a reunirse con Dios, su Padre.
Él siempre había amado a sus seguidores que estaban
en el mundo, y los amó de la misma manera hasta el fin...
Por eso, mientras estaban cenando,
Jesús se levantó de la mesa... echó agua en una palangana,
y comenzó a enjuagar los pies de sus discípulos.*

—JUAN 13:1, 4-5, TLA

¡*H*e aquí el don que Jesús da a sus seguidores! Él
sabe lo que esos hombres están a punto de hacer. Él
sabe que están a punto de realizar el acto más vil de sus
vidas. Por la mañana enterrarán sus cabezas en la vergüenza y mirarán hacia sus pies con repulsión. Y cuando lo hagan, él quiere que recuerden cómo se doblaron
sus rodillas delante de ellos mientras él les lavaba los

pies. Él quiere que ellos se den cuenta de que esos pies todavía están limpios.

Admirable. Él les perdonó su pecado incluso antes de que ellos lo cometieran. Él ofreció piedad incluso antes de que la buscaran. Aparte de la geografía y la cronología, nuestra historia es la misma que la de los discípulos. No estábamos en Jerusalén, ni estábamos vivos esa noche. Pero lo que Jesús hizo por ellos lo ha hecho por nosotros. Él nos ha limpiado. Ha limpiado nuestros corazones de pecado.

Aun más, ¡todavía nos limpia! Estamos siendo limpiados de todo pecado por la sangre de Jesús (1 Juan 1:7, RVR1960). En otras palabras, siempre estamos siendo limpiados. La limpieza no es una promesa para el futuro sino una realidad en el presente. Deja que caiga una pizca de polvo en el alma de un santo y es lavada. Deja que una mancha caiga en el corazón de un hijo de Dios, y la suciedad es limpiada. Jesús todavía limpia los pies de sus discípulos. Todavía lava las manchas. Todavía purifica a su pueblo.

Nuestro Salvador se arrodilla y observa los actos más oscuros de nuestras vidas. Pero, en lugar de retroceder horrorizado, se extiende en bondad y dice: «Yo puedo limpiar eso si quieres». Y de la palangana de su gracia, saca con su mano una palma llena de misericordia y lava nuestro pecado.

Adopción del corazón

*E*l terapeuta familiar Paul Faulkner cuenta acerca del hombre que se propuso adoptar a una adolescente con problemas. Uno cuestionaría su lógica. Ella era destructiva, rebelde y deshonesta.

Un día llegó a su hogar, venía de la escuela y saqueó la casa en busca de dinero. Para el momento en que él llegó, ella se había ido y había dejado la casa en ruinas.

Al escuchar lo que ella hizo, un amigo le instó a que no finalizara la adopción. «No has completado el papeleo. No has firmado ningún documento. Déjala ir». Su respuesta fue simple: «Pero ya le prometí que sería mi hija».

Dios, también, ha hecho un pacto para adoptar a su pueblo. Su pacto no lo invalida nuestra rebelión. Una cosa es amarnos cuando somos fuertes, obedientes y dispuestos. Pero, ¿cuando saqueamos su casa y robamos lo que es suyo? Esa es una prueba de amor.

Y Dios pasa la prueba.

> «Dios mostró el gran amor que nos tiene al enviar a Cristo a morir por nosotros cuando todavía éramos pecadores».
>
> —ROMANOS 5:8, NTV

El padre no vio la casa destrozada y dijo: «Vuelve cuando hayas aprendido a respetar».

Dios no miró nuestra vida agotada y dijo: «Moriré por ti cuando te lo merezcas».

No, a pesar de nuestro pecado, a pesar de nuestra rebelión, optó por adoptarnos. Y para Dios, no hay vuelta atrás. Su gracia es una promesa que dice «ven tal como estás», promesa hecha por un Rey único en su especie. Tú has sido encontrado, llamado y adoptado; así que confía en tu Padre y reclama este versículo como tuyo:

> «Dios mostró el gran amor que nos tiene al enviar a Cristo a morir por nosotros cuando todavía éramos pecadores»
>
> —ROMANOS 5:8, NTV

Y nunca más tendrás que preguntarte quién es tu padre, has sido adoptado por Dios y por lo tanto eres «heredero de Dios por medio de Cristo» (Gálatas 4:7, RVR1960).

La fuente de mi fortaleza

Durante los primeros días de la Guerra Civil, un soldado de la Unión fue detenido acusado de deserción. Incapaz de demostrar su inocencia, fue condenado y sentenciado a morir como desertor. Su apelación encontró su camino al escritorio de Abraham Lincoln. El presidente sintió piedad por el soldado y firmó un perdón. El soldado volvió al servicio, combatió en la totalidad de la guerra y fue asesinado en la última batalla. Dentro del bolsillo de la camisa se encontró la carta firmada del presidente.

Cerca del corazón del soldado estaban las palabras de perdón de su líder. Él encontró valor en la gracia. Me pregunto cuántos miles más han encontrado valor en la cruz ensalzada de su rey celestial.

Si necesitas un poco de valor, permíteme mostrarte una fuente de fortaleza para tu jornada. Mantén estas palabras cerca de tu corazón y confía en que, debido a la gracia:

- Estás más allá de la condenación (Romanos 8:1).
- Eres liberado de la ley (Romanos 7:6).
- Te encuentras cerca de Dios (Efesios 2:13).
- Eres liberado del poder del mal (Colosenses 1:13).
- Eres miembro de su reino (Colosenses 1:13).
- Estás justificado (Romanos 5:1).
- Eres perfecto (Hebreos 10:14).
- Has sido adoptado (Romanos 8:15).
- Tienes acceso a Dios en cualquier momento (Efesios 2:18).
- Eres parte de su sacerdocio (1 Pedro 2:5).
- Nunca serás abandonado (Hebreos 13:5).
- Tienes una herencia incorruptible (1 Pedro 1:4).
- Eres socio con Cristo en la vida (Colosenses 3:4), en los privilegios (Efesios 2:6), en el sufrimiento (2 Timoteo 2:12) y en el servicio (1 Corintios 1:9).

Por lo que sabes que en el corazón de Dios, tú eres...

- miembro de su cuerpo (1 Corintios 12:13).
- pámpano de la vid (Juan 15:5).
- piedra en el edificio (Efesios 2:19-22)
- la novia del novio (Efesios 5:25-27)

- santo en la nueva generación (1 Pedro 2:9).
- morada del Espíritu (1 Corintios 6:19).

Tú posees (¡escucha esto!) toda bendición espiritual posible. «Bendito sea el Dios y Padre de nuestro Señor Jesucristo, que nos bendijo con toda bendición espiritual en los lugares celestiales en Cristo» (Efesios 1:3). Este es el regalo ofrecido al pecador más humilde en la tierra. ¿Quién podría hacer tal oferta, excepto Dios?

> «De su abundancia, todos hemos recibido una bendición inmerecida tras otra».
> —JUAN 1:16, NTV

Todo viene de él;
Todo sucede a través de él;
Todo termina en él.
¡Siempre gloria! ¡Siempre alabanza!
 Sí. Sí. Sí.
  —ROMANOS 11: 33-36, PARAFRASEADO

LA ELECCIÓN

Y al manifestarse como hombre,
[Jesús] se humilló a sí mismo y se hizo obediente
hasta la muerte, ¡y muerte de cruz!
Por eso Dios lo exaltó hasta lo sumo
y le otorgó el nombre que está sobre todo nombre,
para que ante el nombre de Jesús se doble toda rodilla
en el cielo y en la tierra y debajo de la tierra,
y toda lengua confiese que Jesucristo es el Señor,
para gloria de Dios Padre.

—FILIPENSES 2:8-11, NVI

Por un lado se encuentra la multitud. Burlona. Hostigadora. Exigente.

Por el otro lado se encuentra una persona humilde. Labios hinchados. Ojos abultados. Promesa sublime.

Un lado promete aceptación, el otro una cruz.

Un lado ofrece lo carnal y la ostentación, el otro ofrece la fe.

La multitud desafía: «Síguenos e intenta adaptarte». Jesús promete: «Sígueme y sobresale».

Ellos prometen agradar. Dios promete salvar.

¿Una palangana de agua? ¿O la sangre del Salvador?

Dios te mira y te pregunta…

¿Cuál será tu elección?

El Dios que invita

Dios es un Dios que invita. Invitó a María a que diera a luz a su hijo; a los discípulos a que fueran pescadores de hombres; a la mujer adúltera a que empezara de nuevo, y a Tomás a que tocara las heridas de él. Dios es el Rey que prepara el palacio, pone la mesa e invita a sus súbditos a entrar.

En efecto, parece que su palabra favorita es *ven*.

«*Ven*, vamos a hablar de estas cosas. Aunque tus pecados fueren como la grana, pueden ser tan blancos como la nieve».

«Todos lo que tengan sed, *vengan* a beber».

«*Vengan* a mí todos ustedes que están cansados y tienen pesadas cargas, y yo los haré descansar».

«*Ven* a la fiesta de bodas».

«*Vengan* y síganme, y los haré pescadores de hombres».

«El que tenga sed, *venga* a mí y beba».

Dios es un Dios que invita. Dios es un Dios que llama. Dios es un Dios que abre la puerta y agita su mano saludando, apuntando a los peregrinos a una mesa llena.

Sin embargo, su invitación no es solo para que participen de una comida; es para toda la vida. Una invitación a entrar en su reino y establecer su residencia en un mundo sin lágrimas, sin tumbas, sin dolor. ¿Quién puede venir? El que quiera. La invitación es, a la vez, universal y personal.

Conocer a Dios es recibir su invitación. No solo oírla, no solo estudiarla, no solo reconocerla, sino recibirla. Es posible aprender mucho sobre la invitación de Dios y nunca responder a ella personalmente.

Sin embargo, su invitación es clara y no negociable. Él da todo y nosotros le damos todo. Simple y absoluto. Él es claro en lo que pide y claro en lo que ofrece. La decisión depende de nosotros. ¿No es asombroso que Dios deje que nosotros elijamos? Medita en eso. Hay muchas cosas en la vida que no podemos elegir. Por ejemplo, no podemos elegir el clima. No podemos controlar la economía.

No podemos elegir si nacemos con una gran nariz o no, o con los ojos azules o con mucho cabello. Ni siquiera podemos elegir cómo van a responder las personas ante nosotros.

Pero podemos elegir dónde pasaremos la eternidad. La gran elección, Dios nos la deja a nosotros. La decisión crucial es nuestra.

Esa es la única decisión que realmente cuenta. El que aceptes o no ser transferido en el trabajo no es crucial. El que compres o no un coche nuevo no es crucial. Qué universidad vas a elegir o qué profesión vas a seleccionar es importante, pero no en comparación con el lugar en donde vas a pasar la eternidad. Esa es la decisión que vas a recordar. Es la elección de la vida.

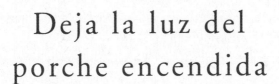

Deja la luz del porche encendida

Él está esperando por ti. Dios está de pie en el porche del cielo, esperando expectante, buscando en el horizonte captar un destello de su hijo. Tú eres al que está buscando.

Dios es el Padre que espera, el Pastor solícito en busca de su oveja. Sus piernas están arañadas, sus pies están doloridos y sus ojos están ardiendo. Él escala los acantilados y atraviesa los campos. Explora las cuevas. Alza sus manos en forma de cuenco alrededor de su boca y llama en el desfiladero.

Y el nombre que pronuncia es el tuyo.

Él es el ama de casa en busca de la moneda perdida. No importa que tenga otras nueve; no descansará hasta que haya encontrado la décima. Busca por toda la casa. Mueve los muebles. Levanta las alfombras. Limpia los estantes. Todas las demás tareas pueden esperar. Solo una importa: la moneda de gran valor para él. Él es su dueño. No se detendrá hasta encontrarla.

La moneda que él busca eres tú.

Dios es el Padre que camina de un lado al otro en el porche. Sus ojos están bien abiertos con su búsqueda. Su corazón está pesado. Él busca a su pródigo. Busca en el horizonte, anhelando ver la figura familiar, el andar reconocible. Su preocupación es el hijo que lleva su nombre, el hijo que lleva su imagen. Tú.

Él te quiere en casa.

Dios quiere que seas libre de la culpa del ayer. Él te quiere libre de los temores de hoy. Él te quiere libre de la tumba de mañana. Pecado, miedo y muerte. Esas son las montañas que él ha movido por el poder de la cruz. Estas son las oraciones que él responderá a través del don de su amor.

El mensaje es sencillo: Dios dio a su Hijo con el fin de rescatar a todos sus hijos e hijas. Para llevar a sus hijos a casa. Y está esperando escuchar tu respuesta.

¿Demasiado bueno para ser verdad?

¿*C*uándo llega la salvación? Cuando miramos a Cristo. Cuando lo aceptamos como Salvador. Asombrosamente sencillo, ¿no es así? Reclama la gran promesa de Juan 3:16:

> «Porque de tal manera amó Dios al mundo, que ha dado a su Hijo unigénito [único], para que todo aquel que en él cree, no se pierda, mas tenga vida eterna».

Dios, el Amoroso. Dios, el Dador. Dios, el Salvador. Y el hombre, el creyente. Y para los que creen, él ha prometido un nuevo nacimiento.

Pero a pesar de la simplicidad, todavía hay quienes no creen. No confían en la promesa. No pueden imaginar cómo Dios podría perdonar sus pecados. Es casi demasiado bueno para ser verdad.

Si solo lo intentaran. Si tan solo probaran. Pero Dios es tan respetuoso como apasionado. Él nunca entra a la fuerza. La elección es tuya.

Y para los que vienen, él ha prometido un nuevo nacimiento.

¿Significa eso que la vieja naturaleza nunca va a levantar su fea cabeza? ¿Significa eso que al instante podrás resistir cualquier tentación?

Para responder a esa pregunta, compara tu nuevo nacimiento en Cristo con un bebé recién nacido. ¿Puede un recién nacido caminar? ¿Puede alimentarse por sí mismo? ¿Puede cantar, leer o hablar? No, aún no. Pero algún día lo hará.

Se necesita tiempo para crecer. Pero, ¿está el padre o la madre en la sala de parto avergonzado del bebé? ¿Está la madre avergonzada porque el bebé no puede deletrear... no puede caminar... porque el recién nacido no puede dar un discurso?

Por supuesto que no. Los padres no están avergonzados; están orgullosos. Ellos saben que el crecimiento vendrá con el tiempo. Así hace Dios.

«Dios tiene paciencia con ustedes, porque él no quiere que nadie muera, sino que todos vuelvan a obedecerle».
—2 Pedro 3:9, TLA

Dios a menudo es más paciente con nosotros que lo que nosotros lo somos con nosotros mismos. Suponemos que si caemos, no hemos nacido de nuevo. Si tropezamos, entonces no estamos verdaderamente convertidos. Si tenemos viejos deseos, entonces no debemos ser una nueva creación.

Por favor, recuerda:

> «Y estoy seguro de que Dios, quien comenzó la buena obra en ustedes, la continuará hasta que quede completamente terminada el día que Cristo Jesús vuelva».
>
> —Filipenses 1:6, NTV

En muchos sentidos, el nuevo nacimiento en Cristo es como tu primer nacimiento: En el nuevo nacimiento, Dios provee lo que necesitas y otra persona hace el trabajo. Y al igual que los padres son pacientes con su recién nacido, Dios es paciente contigo. Pero hay una diferencia. La primera vez tú no tuviste otra opción en cuanto a nacer; esta vez la tienes. El poder es de Dios. El esfuerzo es de Dios. El dolor es de Dios.

Sin embargo, la elección es tuya.

¿Quién va a elegir?

¿A quién ofrece Dios su regalo? ¿A los más brillantes? ¿Al más hermoso o al más encantador? No. Su regalo es para todos nosotros: mendigos y banqueros, clérigos y oficinistas, jueces y empleados de limpieza. Todos los hijos de Dios.

Y nos quiere tanto, que nos tomará en cualquier condición, «tal cual» se lee en la etiqueta en nuestros cuellos. Él no va a esperar que nosotros lleguemos a la perfección (¡él sabe que nunca vamos a alcanzarla!) ¿Crees que él está esperando que nosotros superemos todas las tentaciones? Difícilmente. ¿Que dominemos el caminar cristiano? Lejos de eso. Recuerda, Cristo murió por nosotros cuando todavía éramos pecadores. Su sacrificio, entonces, no dependía de nuestra actuación.

Él nos quiere *ahora*. Y él va a hacer todo lo posible para llevar a sus hijos a casa.

El amor de Cristo no tiene cuerdas, no tiene expectativas, ni planes ocultos, ni secretos. Su amor por nosotros es de frente y claro. «Te amo», dice. «Aunque me hayas defraudado. Te amo a pesar de tus fracasos».

¿Por qué te eligió Dios? ¿Por qué me escogió? Sinceramente. ¿Por qué? ¿Qué tenemos nosotros que él necesite?

¿Intelecto? ¿Creemos sinceramente por un minuto que tenemos —o tendremos alguna vez— un pensamiento que él no haya tenido?

¿Fuerza de voluntad? Puedo respetar eso. Algunos de nosotros somos lo suficientemente obstinados como para caminar sobre el agua, si nos sentimos llamados a hacerlo… pero ¿pensar que el reino de Dios habría zozobrado sin nuestra determinación?

¿Belleza, talento, encanto? Sí, seguro. Todo eso vino de él, en primer lugar. ¿Por qué entonces? ¿Por qué te elige a ti?

La respuesta es simple y profunda a la vez. Te escogió porque quiso. Después de todo, tú eres suyo. Él te hizo. Él te trajo a casa. Eres pertenencia suya. Y si nunca le has escuchado asegurarte esa sencilla realidad, que las palabras de esta página te lo recuerden. Deja que estas palabras resuenen en tu corazón: el Dios que te creó te ama. Él hizo el sacrificio máximo por *ti*. No, Dios no te necesita. Él *quiere* tenerte. Y, ¿qué hacemos con este regalo? ¿Qué tiene que ver con nuestra vida cotidiana?

Tiene *todo* que ver con ella. Nuestra tarea en la tierra es singular: elegir nuestro hogar eterno. Puedes darte el lujo de tomar muchas decisiones erróneas en la vida. Puedes elegir la carrera equivocada y sobrevivir, la ciudad equivocada y sobrevivir, la casa equivocada y sobrevivir. Puedes incluso elegir la pareja equivocada y sobrevivir. Pero hay una elección que debe hacerse correctamente y esa es tu destino eterno.

Perseguido
por Dios

¿*H*asta dónde quieres que Dios llegue para captar tu atención? Si Dios tiene que elegir entre tu seguridad eterna y tu comodidad terrenal, ¿cuál esperas que elija?

¿Y qué pasa si te traslada a otra tierra? (Como lo hizo con Abraham.) ¿Y si te llama después de haberte jubilado? (¿Recuerdas a Moisés?) ¿Y qué hay de la voz de un ángel o del vientre de un pez? (Como a Gedeón y Jonás.) ¿Qué tal una promoción como a Daniel o una degradación como la de Sansón?

Dios hace lo que se necesite para conseguir nuestra atención. ¿No es ese el mensaje de la Biblia? La búsqueda incesante de Dios. Dios a la caza. Dios en la búsqueda. Echa un vistazo debajo de la cama buscando niños escondidos, agita los arbustos buscando la oveja perdida. Sube sus manos en forma de cuenco alrededor de su boca y llama en el desfiladero. Lucha con nosotros con los Jacob en los Jaboc fangosos de la vida (Génesis 32, RVR1960).

A pesar de sus peculiaridades e irregularidades, la Biblia tiene una historia sencilla. Dios hizo al hombre. El hombre rechazó a Dios. Dios no se dará por vencido hasta que lo gane de nuevo. Desde Moisés en Moab a Juan en Patmos, Dios es tan creativo como implacable. La misma mano que envió el maná a Israel envió a Uza a su muerte. La misma mano que liberó a los hijos de Israel también los envió cautivos a Babilonia. Ambas cosas, amable y severo. Tierno y duro. Fielmente firme. Pacientemente urgente. Ansiosamente tolerante. Suavemente gritando.

La voz de Dios truena tiernamente: «Quiero tenerte conmigo».

¿Y tu respuesta?

Jesús dijo:

«Yo soy el pan de vida. Yo soy la luz del mundo. Yo soy la resurrección y la vida. Yo soy la puerta. Yo soy el camino, y la verdad, y la vida. Vendré otra vez, y os tomaré a mí mismo, para que donde yo estoy, vosotros también estéis».

—Juan 6:48; 8:12; 11:25; 10:9; 14:6; 14:3, RVR1960

Jesús proclamando, siempre ofreciendo, pero nunca forzando:

De pie sobre el paralítico: «¿Quieres ser sano?».

—Juan 5:6, RVR1960

Cara a cara con el hombre ciego, ahora sanado: «¿Crees en el Hijo del hombre?».

—Juan 9:35, RVR1960

Cerca de la tumba de Lázaro, sondeando el corazón de Marta: «Todo el que vive en mí y cree en mí jamás morirá. ¿Lo crees, Marta?».

—Juan 11:26, rvr1960

Preguntas honestas. Afirmaciones estruendosas. Toque gentil. Nunca yendo a donde no ha sido invitado, pero una vez invitado, nunca se detiene hasta haber terminado, hasta que se ha tomado una decisión.

Dios va a susurrar. Va a dar gritos. Va a tocar y a halar. Él quitará nuestras cargas; e incluso nos quitará nuestras bendiciones. Si hay mil pasos entre nosotros y él, dará todos menos uno. Dejará que nosotros demos el paso final.

La elección es nuestra.

Una demostración de devoción

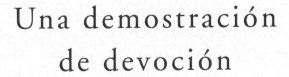¿Te parece esto familiar? No tienes nada que darle a Dios excepto problemas. Todo lo que tienes que ofrecerle es tu dolor. Deseas aceptar su don de la gracia, pero te sientes indigno de su sacrificio.

Tal vez eso te ha impedido acercarte a Dios. Oh, has dado uno o dos pasos en su dirección. Pero entonces viste a las otras personas que lo siguen. Se ven tan limpios, tan ordenados, tan en forma en cuanto a su fe. Así que vacilaste.

Si esa descripción encaja contigo, lee la historia de la mujer sin nombre que aparece en Marcos 5. Ella, considerada impura por su cultura, comprobó su devoción a Jesús tocando el borde del manto del Salvador. Y ese leve gesto movió a Jesús a curarla. Ella era una marginada sin dinero, golpeada por la vergüenza, que se aferró a su corazonada de que él podía hacerlo y a su esperanza de que lo haría.

¿No es eso de lo que se trata la fe? La convicción de que él puede y que lo hará. Suena similar a la definición de la fe dada por la Biblia:

> «Sin fe es imposible agradar a Dios. Todo el que desee acercarse a Dios debe creer que él existe y que él recompensa a los que lo buscan con sinceridad».
> —Hebreos 11:6, ntv

No es demasiado complicado, ¿verdad? La fe es la creencia de que Dios es real y que es bueno. La fe no es una experiencia mística ni una visión a medianoche ni una voz en el bosque… se trata de una decisión: creer que aquel que lo hizo todo no ha dejado todo, y que todavía envía luz a las sombras y responde a los gestos de fe.

La fe no es la creencia de que Dios hará lo que tú quieres. La fe es la creencia de que Dios hará lo que es correcto. Dios siempre está cerca y dispuesto. A la espera de que tú lo toques. Así que hazle saber. Demuestra tu devoción:

Escribe una carta.
Pide perdón.
Confiesa.
Bautízate.
Alimenta a una persona hambrienta.
Ora.
Enseña.
Ve.

Haz algo que revele tu fe. Porque fe sin ningún esfuerzo no es fe en absoluto. Dios responderá. Él nunca ha rechazado un verdadero gesto de fe. Nunca.

Dios honra la fe radical, la que se arriesga. Cuando se construyen arcas, se salvan vidas. Cuando los soldados marchan, los muros de Jericó se derrumban. Cuando se alzan las varas, los mares se abren. Cuando se comparte un almuerzo, miles son alimentados. Y cuando una túnica es tocada, ya sea por la mano de una mujer anémica en Galilea o por las oraciones de un mendigo en Bangladesh, Jesús se detiene. Así que haz tu elección, anúnciale tu fe a Dios y demuestra tu devoción.

Tus brazos
de Abba

*H*ace algún tiempo, mi hija Jenna y yo pasamos varios días en la antigua ciudad de Jerusalén. Una tarde, mientras salíamos por la puerta de Jaffa, nos encontramos detrás de una familia judía ortodoxa, un padre y sus tres pequeñas hijas.

Una de las chiquillas, tal vez de cuatro o cinco años de edad, se fue quedando unos pasos atrás a un punto que no podía ver a su padre.

«*¡Abba!*», lo llamaba ella. Él se detuvo y miró. Solo entonces se dio cuenta de que estaba separado de su hija.

«*¡Abba!*», volvió a llamar ella. Él la vio y al instante extendió su mano. Ella la tomó y yo tomé notas mentales a medida que ellos continuaron. Quería ver la actuación de un *abba*.

Él sostuvo su mano con fuerza entre la suya mientras descendían por la rampa. Cuando se detuvo en una calle concurrida, ella dio un paso fuera de la acera, de forma que él tiró de ella. Cuando la señal cambió, él la llevó a ella y a sus hermanas a través de la intersección. En medio de la calle, él se agachó, la tomó en sus brazos y continuaron su marcha.

¿No es eso lo que todos necesitamos? ¿Un *abba* que oiga cuando llamemos? ¿Que va a tomar nuestra mano cuando estemos débiles? ¿Que nos guiará a través de las intersecciones agitadas de la vida? ¿No necesitamos todos un *abba* que nos levante en sus brazos y nos lleve a casa? Todos necesitamos un padre.

Hay un Dios en el cielo que quiere que lo llames tu *abba*.

Elegir a Dios como Señor es reconocer que él es soberano y supremo en el universo. Aceptarlo como Salvador es recibir su regalo de la salvación, el que ofreció en la cruz. Pero considerarlo como Abba —Padre— es ir un paso más allá. Padre es el que provee para ti y te protege, eso es lo ideal. Y es exactamente lo que Dios ha hecho contigo.

Él ha provisto para tus necesidades (Mateo 6:25-34). Él te ha protegido de cualquier daño (Salmos 139:5). Él te ha adoptado (Efesios 1:5). Y él te ha dado su nombre (1 Juan 3:1).

Dios ha demostrado que es un padre fiel. Ahora, nos corresponde a nosotros ser hijos confiados. Deja que Dios te dé lo que el mundo no puede. Confía solo en él para que te apoye y te aliente. Aférrate a estas gloriosas palabras: «Ya no eres un esclavo sino un hijo de Dios, y como eres su hijo, Dios te ha hecho su heredero» (Gálatas 4:7, NTV).

Vuélvete a Dios. Tu abba está esperando por ti con los brazos abiertos.

El destino de Dios
para tu vida

$\mathscr{P}$uedo recordar, como niño de siete años de edad, que fui a la casa de mis abuelos por una semana. Mamá y papá compraron un boleto, me dieron algo de dinero, me pusieron en un autobús de la Greyhound, y me dijeron que no hablara con extraños ni me bajara del autobús hasta que viera a mi abuela por la ventana. Ellos me hicieron muy claro que mi destino era Ralls, Texas.

Dios ha hecho lo mismo por ti. Te ha puesto a viajar. Él tiene un destino para tu vida (y te contentará saber que no es Ralls, Texas).

> Pues Dios no nos destinó a sufrir el castigo sino a recibir la salvación por medio de nuestro Señor Jesucristo.
> —1 Tesalonicenses 5:9, nvi

De acuerdo a la Biblia, el destino de Dios para tu vida es la salvación. Tu destino previsto es el cielo. Dios ha hecho exactamente lo que hicieron mis padres. Ha comprado nuestro pasaje. Nos ha equipado para el viaje. Dios te ama tanto que quiere que estés con él para siempre.

La elección, sin embargo, depende de ti. A pesar de que él está a la puerta con boleto pagado y dinero suficiente para el viaje, muchos optan por ir en otras direcciones en vez de optar por aquella por la que Dios quiere que vayamos. Ese es nuestro problema.

Nuestro problema:
El pecado
(Estamos en el autobús equivocado)

Cuando mis padres me dieron el boleto y me dijeron qué autobús abordar, les creí e hice lo que dijeron. Yo confié en ellos. Yo sabía que me amaban y estaba consciente de que sabían más que yo… así que subí a bordo del vehículo.

Ser cristiano es subir a bordo con Cristo. Jesús está a la puerta del autobús y dice:

> «Soy el camino, la verdad y la vida. Nadie viene al Padre sino por mí».
>
> —JUAN 14:6, RVR1960

Por desdicha, no todos aceptan su invitación. Sé que yo no lo hice la primera vez que él me invitó. Pasé algún tiempo en el autobús equivocado.

Hay muchos autobuses, cada uno de ellos prometiendo que te llevará a la felicidad. Hay autobuses de todas las clases: de placer, de posesiones, de poder, de pasión, entre otros. Vi uno llamado fiesta y me subí a él. Estaba lleno de gente riendo y divirtiéndose desenfrenadamente; parecían estar disfrutando de una fiesta interminable. Fue bastante tiempo antes de que me enterara de que tenían que ser ruidosos para resguardar todo el dolor que tenía por dentro.

La contraseña para montarse en el autobús equivocado es *pecado*. El pecado es cuando decimos: «Voy a seguir mi camino en lugar del camino de Dios». La palabra pecado implica egocentrismo. El pecado es cuando decimos: *Voy a hacer lo que yo quiera, no importa lo que Dios diga.*

Solo Dios puede satisfacer nuestras necesidades. El pecado es el acto de acudir a todos, menos a Dios, a buscar lo que solo Dios puede dar. ¿Soy el único que ha pasado tiempo en el autobús equivocado? No. Algunos autobuses son más violentos que otros. Algunos paseos son más largos que otros, pero:

> Todos nosotros nos descarriamos como ovejas, cada cual se apartó por su camino.
> —ISAÍAS 53:6, RVR1960

> Si decimos que no tenemos pecado, nos engañamos a nosotros mismos, y la verdad no está en nosotros.
> —1 JUAN 1:8, RVR1960

> Cada uno de nosotros somos pecadores que vamos en el mismo barco hundiéndonos con todos los demás.
> —ROMANOS 3:20, PARAFRASEADO

Abordar el autobús equivocado es un grave error. El pecado rompe nuestra relación con Dios. Estábamos destinados a viajar con él. Pero cuando estamos en un autobús diferente que se dirige a la dirección equivocada, nos sentimos lejos de Dios. Esa es la razón por la que la vida puede parecer tan sucia. No estamos cumpliendo nuestro destino.

El pecado no solo rompe nuestra relación con Dios; también obstaculiza nuestra relación con los demás. ¿Puedes imaginarte que haces un largo viaje al lugar equivocado con un autobús lleno de gente? Con el tiempo, todo el mundo se pone de mal humor. A nadie le agrada el viaje. Ese viaje es miserable.

Tratamos de hacer frente a los problemas con terapias, recreación o recetas médicas. Pero nada ayuda. La Biblia dice:

> Hay camino que parece derecho al hombre, pero su fin es camino de muerte.
> —PROVERBIOS 16:25, RVR1960

El resultado final del pecado es la muerte... muerte espiritual. «La paga del pecado», escribe Pablo, «es muerte».
> —ROMANOS 6:23, RVR1960

Pasa toda la vida en el autobús equivocado que se dirige a la dirección equivocada y vas a terminar en el lugar equivocado. Vas a terminar en el infierno. No porque Dios te quiera en el infierno. Su plan para ti es el cielo. Tu destino es el cielo. Él hará cualquier cosa para llevarte al cielo, con una excepción. Hay una cosa que no hará. No te forzará. La decisión es tuya. Pero él ha hecho todo lo demás. Permíteme mostrar lo que quiero decir.

La solución: La gracia
(Ir al autobús correcto)

Si el problema es el pecado y que todos han pecado, ¿qué puedo hacer yo? Bueno, se puede ir a la iglesia, pero eso no te va a hacer cristiano. Al igual que ir a un rodeo no te convierte en vaquero, ir a la iglesia no te hace un cristiano. Podrías trabajar duro para complacer a Dios. Podrías hacer un montón de cosas buenas, regalar un montón de cosas… El único problema con eso es que no sabes cuántas cosas buenas tienes que hacer. O bien, podrías compararte con los demás. «Puede que yo sea malo, pero por lo menos soy mejor que Hitler». El problema con las comparaciones es que otras personas no son el parámetro; ¡Dios lo es!

Entonces, ¿qué vas a hacer? Si no eres salvo por ir a la iglesia ni por hacer buenas obras ni por compararte con los demás, ¿cómo es que eres salvo? La respuesta es sencilla: ve al autobús correcto.

> Porque de tal manera amó Dios al mundo, que ha dado a su Hijo unigénito, para que todo aquel que en él cree, no se pierda, mas tenga vida eterna.
> —JUAN 3:16, RVR1960

Ten en cuenta lo que Dios hizo: dio a su único Hijo. Esta es la manera en la que él trató con tu pecado. Imagínatelo de esta forma: Supongamos se te encuentra culpable de un delito. Estás en una sala de audiencias frente al juez y él te condena a muerte por tu crimen. Su sentencia es justa. Tú eres culpable y el castigo por tu crimen es la muerte. Pero supongamos que el juez es tu padre. Él conoce la ley; él sabe que tu crimen exige la muerte. Pero él conoce el amor; sabe que te ama demasiado como para dejar que mueras. Así que en un maravilloso acto de amor se baja del estrado, se quita la túnica, se para a tu lado y dice: «Yo voy a morir en tu lugar».

Eso es lo que Dios hizo por ti. La paga del pecado es muerte. La justicia de Dios exige una muerte por tu pecado. Sin embargo, el amor del cielo no puede soportar verte morir. Así que esto es lo que Dios hizo. Se puso de pie y se quitó la túnica celestial. Él vino a la tierra para decirnos que iba a morir por nosotros. Que él sería nuestro Salvador. Y eso es lo que hizo.

Pues Dios estaba en Cristo reconciliando al mundo consigo mismo, no tomando más en cuenta el pecado de la gente… Hablamos en nombre de Cristo cuando les rogamos: «¡Vuelvan a Dios!».

—2 Corintios 5:19-20, NTV

La respuesta: Confiar
(Abordar el autobús correcto)

¿Qué quiere Dios que hagas? Él desea que subas a bordo de su autobús. ¿Cómo se hace eso? Solo da tres pasos sencillos: admitir, creer, aceptar.

1. Admitir que Dios no ha ocupado el primer lugar en tu vida y pedirle perdón por tus pecados.

> Si confesamos nuestros pecados, Dios, que es fiel y justo, nos los perdonará y nos limpiará de toda maldad.
> —1 JUAN 1:9, NVI

2. Creer que Jesús murió para pagar por tus pecados, que se levantó de entre los muertos y que hoy está vivo.

> Que si confiesas con tu boca que Jesús es el Señor, y crees en tu corazón que Dios lo levantó de entre los muertos, serás salvo.
> —ROMANOS 10:9, NVI

> En ningún otro hay salvación, porque no hay bajo el cielo otro nombre [Jesús]... mediante el cual podamos ser salvos.
> —HECHOS 4:12, NVI

3. Aceptar el regalo gratuito de Dios, que es la salvación. No trates de ganártelo.

> Porque por gracia ustedes han sido salvados mediante la fe; esto no procede de ustedes, sino que es el regalo de Dios, no por obras, para que nadie se jacte.
> —EFESIOS 2:8-9, NVI

Mas a cuantos lo recibieron, a los que creen en su nombre, les dio el derecho de ser hijos de Dios. Éstos no nacen de la sangre, ni por deseos naturales, ni por voluntad humana, sino que nacen de Dios.

—JUAN 1:12-13, NVI

Yo [Jesús] estoy a la puerta y llamo; si alguno oye mi voz y abre la puerta, entraré a él, y cenaré con él, y él conmigo.

—APOCALIPSIS 3:20, RVR1960

Te urjo, con todo mi corazón, que aceptes el destino de Dios para tu vida. Te insto a subir a bordo con Cristo. De acuerdo a la Biblia:

«¡En ningún otro hay salvación! Dios no ha dado ningún otro nombre bajo el cielo, mediante el cual podamos ser salvos».

—HECHOS 4:12, NTV

¿Le permitirías que te salve? Esta es la decisión más importante que vas a tomar. ¿Por qué no le das tu corazón en este momento? *Admite* tu necesidad. *Cree* en su obra. *Acepta* su regalo. Ve a Dios en oración y dile: «Yo soy un pecador que necesita gracia. Y creo que Jesús murió por mí en la cruz. Acepto tu oferta de salvación». Es una oración sencilla con resultados eternos.

Una vez que hayas depositado tu fe en Cristo, te exhorto a que tomes tres medidas. Las hallarás fáciles de recordar. Solo piensa en estas tres palabras: bautismo, Biblia y pertenencia.

El *bautismo* demuestra y celebra nuestra decisión de seguir a Jesús. Nuestra inmersión en agua simboliza nuestra inmersión en la gracia de Dios. Al igual que el agua limpia el cuerpo, así también la gracia limpia el alma. Jesús dijo:

«El que crea y sea bautizado será salvo».
—MARCOS 16:16, NTV

Cuando el apóstol Pablo se convirtió, le hicieron esta pregunta:

«Y ahora, ¿qué esperas? Levántate, bautízate y lávate de tus pecados, invocando su nombre».
—HECHOS 22:16, NVI

Pablo respondió siendo bautizado de inmediato. Tú también puedes hacerlo.

La lectura de la *Biblia* nos lleva cara a cara con Dios. Dios se nos revela a través de su Palabra por el Espíritu.

«Que habite en ustedes la palabra de Cristo con toda su riqueza».
—COLOSENSES 3:16, NVI

Pertenecer a una iglesia refuerza tu fe. Un cristiano sin iglesia es como un jugador de béisbol sin equipo o un soldado sin ejército. Tú no eres lo suficientemente fuerte como para sobrevivir por ti solo.

«No dejemos de congregarnos, como acostumbran hacerlo algunos, sino animémonos unos a otros».

—Hebreos 10:25, nvi

Estos tres pasos —bautismo, leer la Biblia y pertenecer a una iglesia— son esenciales en tu fe.

Oro para que aceptes este gran regalo de la salvación. Créeme, esta no solo es la decisión más importante que jamás haya tomado; es la mejor decisión que jamás tomarás. No hay mayor tesoro que el don de la salvación de Dios. Es el maravilloso destino de Dios para tu vida.

Referencias

Todas las selecciones se han impreso con autorización de la casa publicadora. Todos los derechos reservados.

«Comenzó en un pesebre», tomado de *God Came Near* (Colorado Springs, CO: Multnomah, 1987), 23, 25–26.

«Un día para decir adiós», tomado de *God Came Near* (Colorado Springs, CO: Multnomah, 1987), 49–52.

«Dios en carne», tomado de *God Came Near* (Colorado Springs, CO: Multnomah, 1987), 55–56.

«Salvador compasivo», tomado de *In the Eye of the Storm* (Nashville: Word, 1991), 53–54, 58.

«Jesús sabe cómo te sientes», tomado de *In the Eye of the Storm* (Nashville: Word, 1991), 48–49.

«Fe observada, fe bendecida», tomado de *He Still Moves Stones* (Nashville: Word, 1993), 119–21.

«El gran intercambio», tomado de *A Gentle Thunder* (Nashville: Word, 1995), 86–87.

«Los ojos en el Salvador», tomado de *God Came Near* (Colorado Springs, CO: Multnomah, 1987), 160–62.

«Ven y ve», tomado de *A Gentle Thunder* (Nashville: Word, 1995), 21–23.

«Camino al Calvario», tomado de *The Applause of Heaven* (Nashville: Word, 1990), 7–8.

«La niebla de un corazón partío», tomado de *No Wonder They Call Him the Savior* (Colorado Springs, CO: Multnomah, 1986), 131–33.

«Compañero en el plan», tomado de *God Came Near* (Colorado Springs, CO: Multnomah, 1987), 79–81.

«Él te vio», tomado de *And the Angels Were Silent* (Colorado Springs, CO: Multnomah, 1992), 154–55.

«El silencio del cielo», tomado de *Just Like Jesus* (Nashville: Word, 1998), 131–34.

«A cualquier precio», tomado de *Six Hours One Friday* (Colorado Springs, CO: Multnomah, 1989), 56–57.

«¿Lo correcto o lo justo?», tomado de *The Applause of Heaven* (Nashville: Word, 1990), 178.

«Con el corazón partío… por ti», tomado de *No Wonder They Call Him the Savior* (Colorado Springs, CO: Multnomah, 1986), 47–48.

«¡Todo ha terminado!», tomado de *No Wonder They Call Him the Savior* (Colorado Springs, CO: Multnomah, 1986), 61, 65–66.

Introducción a «Gracia abundante», tomado de *In the Grip of Grace* (Nashville: Word, 1996), 55.

«Promesas misericordiosas», tomado de *The Applause of Heaven* (Nashville: Word, 1990), 85.

«Perdón y paz», tomado de *In the Grip of Grace* (Nashville: Word, 1996), 91–92.

«Gracia que sostiene», tomado de *In the Eye of the Storm* (Nashville: Word, 1991), 202–3.

«Gracia significa…», tomado de *In the Grip of Grace* (Nashville: Word, 1996), 173–74.

«Con la toalla y la palangana», tomado de *Just Like Jesus* (Nashville: Word, 1998), 19–20.

«Adopción del corazón», tomado de *In the Grip of Grace* (Nashville: Word, 1996), 97–98.

«La fuente de mi fortaleza», tomado de *In the Grip of Grace* (Nashville: Word, 1996), 103–6.

«El Dios que invita», tomado de *And the Angels Were Silent* (Colorado Springs, CO: Multnomah, 1992), 83, 85–86.

«Deja la luz del porche prendida», tomado de *And the Angels Were Silent* (Colorado Springs, CO: Multnomah, 1992), 71–72.

«¿Demasiado bueno para ser verdad?», tomado de *A Gentle Thunder* (Nashville: Word, 1995), 110–11.

«¿Quién va a elegir?», tomado de *No Wonder They Call Him the Savior* (Colorado Springs, CO: Multnomah, 1986), 156, and *And the Angels Were Silent* (Colorado Springs, CO: Multnomah, 1992), 18, 137.

«Perseguido por Dios», tomado de *A Gentle Thunder* (Nashville: Word, 1995), 4–5.

«Una demostración de devoción», tomado de *He Still Moves Stones* (Nashville: Word, 1993), 67–69.

«Tus brazos de Abba», tomado de *The Great House of God* (Nashville: Word, 1993), 136–37, and *He Still Moves Stones* (Nashville: Word, 1993), 44.

Notas

Notas

Notas

Notas

_____

_____

_____

_____

_____

_____

_____

_____

_____

_____

_____

_____

BIBLIA
devocional diaria
MAX LUCADO

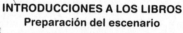

REINA-VALERA
1960

INTRODUCCIONES A LOS LIBROS
Preparación del escenario

Excelentes introducciones
a cada libro de la Biblia.

DEVOCIONALES
DESCUBRE TU DÍA

366 devocionales para
cada día del año.

ORACIONES
PODEROSAS

Más de 50 de las más
grandes oraciones
de la Biblia.

SEÑAL DE
PROMESA

100 preciosas
promesas de Dios

PÁGINAS A COLOR DE LAS VERDADES DE LA BIBLIA

También se incluyen páginas a todo color para compartir las verdades de la Biblia. Estas son una manera divertida y colorida para averiguar más acerca de lo que Dios tiene para tu vida, y cómo puedes aprender y crecer cada día, ¡para ser la persona que él quiere que seas!

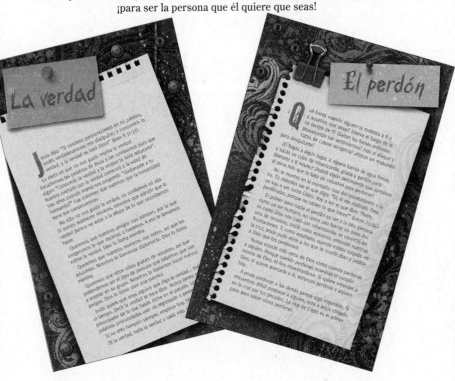

Estimado amigo:

Acabas de abrir el libro más importante que jamás hayas leído. Es el mejor libro de aventuras de todos los tiempos. Aquí vas a leer historias de reyes y reinas. Hallarás relatos de tierras lejanas. Te vas a encontrar chicos buenos, chicos malos, gente enamorada, padres, hijos, hermanos, hermanas.

Sin embargo, esta es la mejor noticia: En este libro podrás conocer al Dios que te creó. El Dios que te ama tanto que envió a su propio Hijo a la tierra, para que un día puedas vivir con él en el cielo. Cuando Dios envió a Jesús, te dio y me dio un amigo para siempre. ¡Qué gran historia!

Que Dios te bendiga al estudiar el libro más grande de todos los tiempos.

Tu amigo,
Max Lucado

 Otro libro de: www.editorialniveluno.com *Para vivir la Palabra*

Todos nos hallamos en algún lugar del taller del herrero.

ESTAMOS EN LA PILA DE TROZOS DE METAL, O EN LAS MANOS DEL MAESTRO SOBRE EL YUNQUE, O EN LA CAJA DE HERRAMIENTAS.

Algunos hemos estado en los tres lugares.

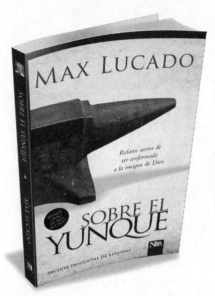

En esta clásica colección de lecturas de inspiración, el autor de éxitos de librería Max Lucado nos lleva a visitar el taller del herrero. Veremos cada una de las herramientas y miraremos en cada rincón, desde los estantes hasta el banco de trabajo, y desde el agua hasta el fuego.

Para aquellos que emprendan el viaje, dejando la pila de metales a fin de entrar en el fuego y con coraje ubicarse sobre el yunque de Dios para que él trabaje sobre ellos, habrá un gran privilegio: el de ser llamados a convertirse en uno de los instrumentos que Dios escoge.

NOS VEMOS EN EL TALLER DEL HERRERO.

El primer libro de Max Lucado, *Sobre el yunque*, se publicó en 1985. Lucado es un hombre de Dios dotado de muchos dones que ha servido como ministro asociado en Miami y como misionero plantador de iglesias en Brasil. En la actualidad es el pastor general de la Oak Hill Church of Christ en San Antonio, Texas.